Einstern
leicht gemacht

1

Themenheft 4

★ Rechnen bis 20
★ Sachaufgaben ★ Geld

Erarbeitet von Roland Bauer und Jutta Maurach

In Zusammenarbeit mit der Redaktion Mathematik Grundschule

Cornelsen

Inhaltsverzeichnis

1 Verdopple.

Das kannst du schon!

$5 + 5 = \boxed{1\ 0}$ $10 + 10 = \boxed{}$

$8 + 8 = \boxed{}$ $9 + 9 = \boxed{}$

$6 + 6 = \boxed{}$ $7 + 7 = \boxed{}$

2 Halbiere.

$18 - 9 = \boxed{}$ $8 - 4 = \boxed{}$ $20 - 10 = \boxed{}$

$14 - 7 = \boxed{}$ $16 - 8 = \boxed{}$ $10 - 5 = \boxed{}$

$4 - 2 = \boxed{}$ $12 - 6 = \boxed{}$ $6 - 3 = \boxed{}$

3 Verliebte Zahlen: Finde die andere Zahl.

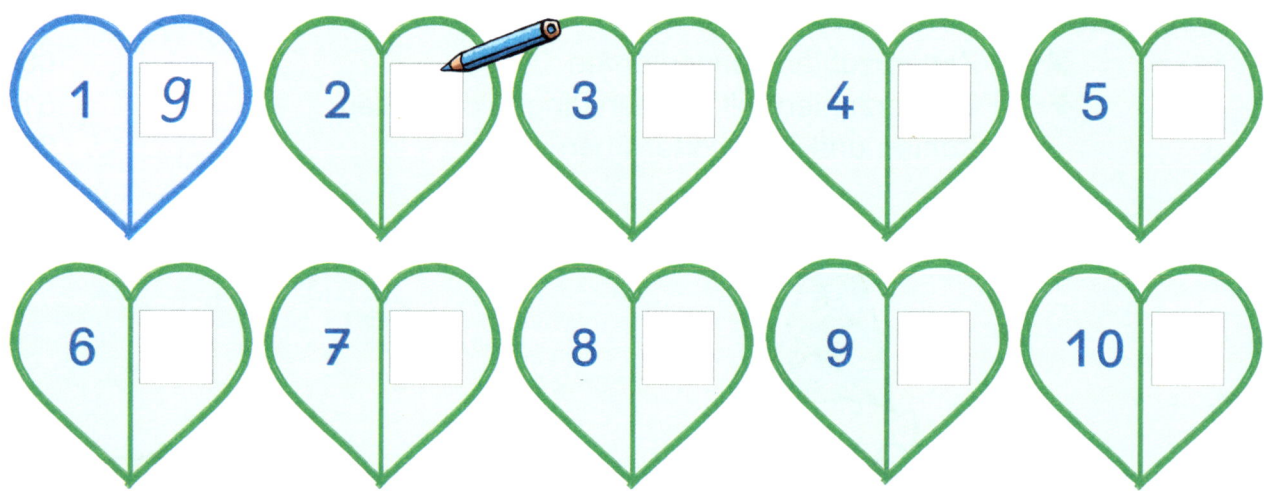

4 Löse die Plus- und Minusaufgaben mit 10.

$3 + \boxed{} = 10$ $10 - \boxed{} = 4$ $10 + 8 = \boxed{}$

$5 + \boxed{} = 10$ $10 - \boxed{} = 7$ $15 - 5 = \boxed{}$

$1 + \boxed{} = 10$ $10 - \boxed{} = 2$ $17 - 7 = \boxed{}$

* wiederholen: verdoppeln und halbieren, verliebte Zahlen, Aufgaben rund um 10

$5 + 4 = 9$

$5 + 5 = 10$

$5 + 6 = 11$

Das sind **Nachbaraufgaben** von 5 + 5.

---

1 Schreibe die Nachbaraufgaben auf und löse sie.

$6 + \boxed{5} = \boxed{1\ 1}$

$6 + 6 = 12$

$6 + \boxed{7} = \boxed{1\ 3}$

$8 + \boxed{} = \boxed{}$

$8 + 8 = 16$

$8 + \boxed{} = \boxed{}$

$7 + \boxed{} = \boxed{}$

$7 + 7 = 14$

$7 + \boxed{} = \boxed{}$

★ Nachbaraufgaben von Verdopplungsaufgaben im Zwanzigerfeld ablesen, notieren und lösen

1   Löse die beiden Nachbaraufgaben.

5 + 4 = **9**	8 + 7 = ☐☐
5 + 5 = 10	8 + 8 = 16
5 + 6 = ☐	8 + 9 = ☐☐

7 + 6 = ☐☐	4 + 3 = ☐
7 + 7 = 14	4 + 4 = 8
7 + 8 = ☐☐	4 + 5 = ☐

6 + 5 = ☐☐	9 + 8 = ☐☐
6 + 6 = 12	9 + 9 = 18
6 + 7 = ☐☐	9 + 10 = ☐☐

2   Löse zuerst die Verdopplungsaufgabe.

8 + 7 = ☐☐ , denn 8 + 8 = **1 6**

5 + 6 = ☐☐ , denn 5 + 5 = ☐☐

6 + 7 = ☐☐ , denn 6 + 6 = ☐☐

7 + 8 = ☐☐ , denn 7 + 7 = ☐☐

★ Verdopplungs- und Nachbaraufgaben lösen
★ Verdopplungsaufgaben als Rechenhilfe nutzen

1 Rechne zuerst die Plus-10-Aufgabe.

2 + 10 = ☐ 1 2

2 + 9 = ☐ 1 1

3 + 10 = ☐

3 + 9 = ☐

5 + 10 = ☐

5 + 9 = ☐

7 + 10 = ☐

7 + 9 = ☐

*Hier kann auch die **Tauschaufgabe** helfen.*

8 + 10 = ☐

8 + 9 = ☐

4 + 10 = ☐

4 + 9 = ☐

2 Rechne zuerst die 10-plus-Aufgabe.

10 + 7 = ☐ 1 7

9 + 7 = ☐

10 + 8 = ☐

9 + 8 = ☐

10 + 4 = ☐

9 + 4 = ☐

10 + 6 = ☐

9 + 6 = ☐

10 + 3 = ☐

9 + 3 = ☐

10 + 5 = ☐

9 + 5 = ☐

3 Erkläre einem anderen Kind, wie du Plusaufgaben mit 9 leichter rechnen kannst.

★ vorteilhaftes Rechnen bei Plusaufgaben mit 9 kennenlernen
★ SF: vorteilhaftes Rechnen mit 9 beschreiben

1 Rechne bis 10 und dann weiter.

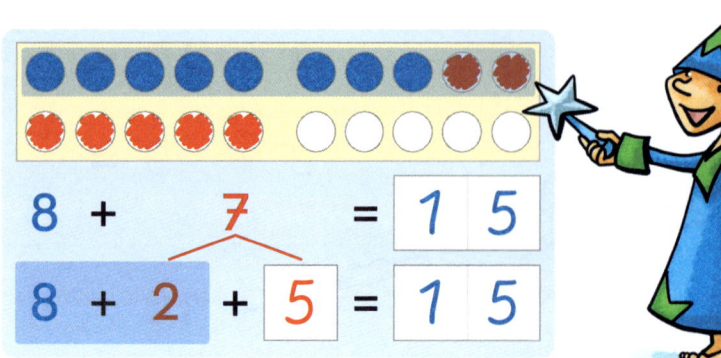

$8 + 7 = 15$

$8 + 2 + 5 = 15$

Ich rechne zuerst bis 10 und dann weiter.

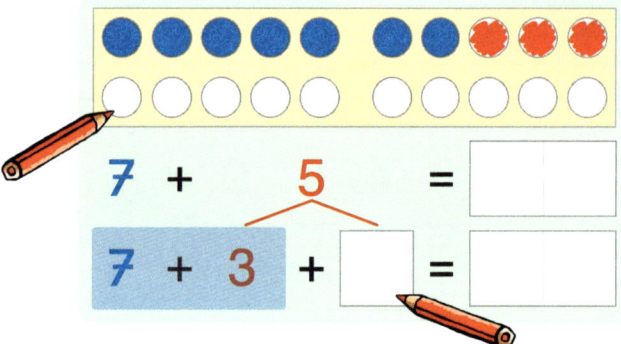

$7 + 5 =$ ☐

$7 + 3 +$ ☐ $=$ ☐

$6 + 7 =$ ☐

$6 + 4 +$ ☐ $=$ ☐

2 Rechne bis 10 und dann weiter.

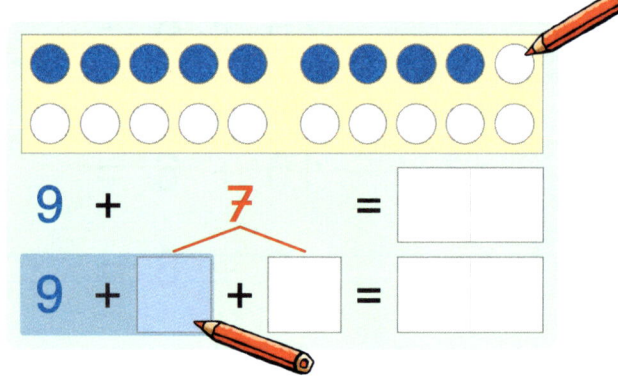

$9 + 7 =$ ☐

$9 +$ ☐ $+$ ☐ $=$ ☐

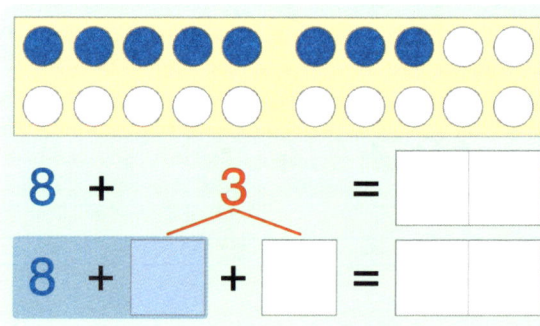

$8 + 3 =$ ☐

$8 +$ ☐ $+$ ☐ $=$ ☐

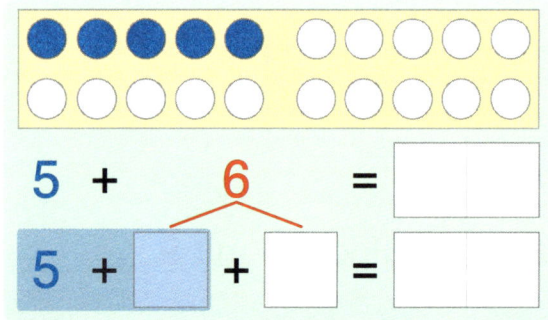

$5 + 6 =$ ☐

$5 +$ ☐ $+$ ☐ $=$ ☐

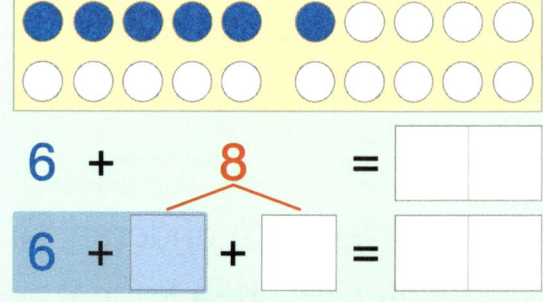

$6 + 8 =$ ☐

$6 +$ ☐ $+$ ☐ $=$ ☐

★ mithilfe von Zwanzigerfeldern die Strategie „bis 10 und dann weiter" kennenlernen
★ Zerlegung des zweiten Summanden im Zwanzigerfeld eintragen und ablesen

3 Rechne bis 10 und dann weiter.

Und wieder rechne ich
bis 10 und dann weiter.

9 + 6 = | 1 | 5 |
9 + 1 + 5 = | 1 | 5 |

4 + 9 = | | |
4 + 6 + ☐ = | | |

7 + 8 = | | |
7 + 3 + ☐ = | | |

5 + 8 = | | |
5 + 5 + ☐ = | | |

4 Rechne bis 10 und dann weiter.

6 + 5 = | | |
6 + ☐ + ☐ = | | |

8 + 4 = | | |
8 + ☐ + ☐ = | | |

7 + 9 = | | |
7 + ☐ + ☐ = | | |

9 + 8 = | | |
9 + ☐ + ☐ = | | |

5 Finde selbst Aufgaben und löse sie.

☐ + ☐ = ☐
☐ + ☐ + ☐ = ☐

☐ + ☐ = ☐
☐ + ☐ + ☐ = ☐

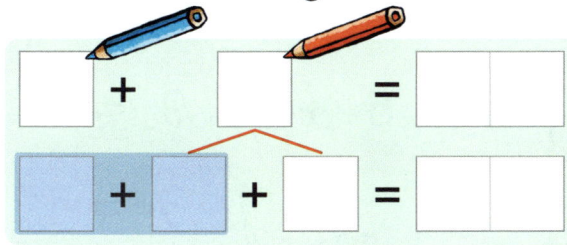
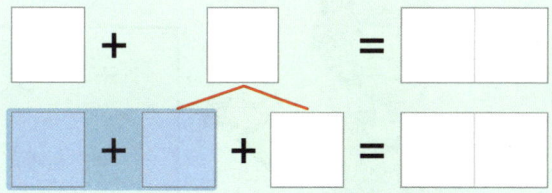

★ mit der Strategie „bis 10 und dann weiter" Plusaufgaben lösen
★ zur Strategie „bis 10 und dann weiter" selbst passende Aufgaben finden

ÜH 50   9

1 Rechne wie die Kinder.

★★★
Ich rechne zuerst bis 10
und dann weiter.

$7 + 5 = 12$

$7 + 3 + 2 = 12$

$8 + 6 = \boxed{}$

$8 + 2 + \boxed{} = \boxed{}$

★★★
Ich nutze die Tauschaufgabe.

$3 + 8 = 11$

$8 + 3 = 11$

$4 + 7 = \boxed{}$

$7 + \boxed{} = \boxed{}$

★★★
Mir hilft die Nachbaraufgabe. Sie ist eine
Verdopplungsaufgabe und die weiß ich auswendig.

$6 + 7 = 13$

$6 + 6 = 12$

$7 + 8 = \boxed{}$

$7 + \boxed{} = \boxed{}$

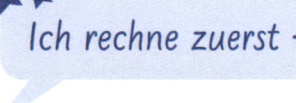

★★★
Ich rechne zuerst + 10.

$8 + 9 = 17$

$8 + 10 = 18$

$5 + 9 = \boxed{}$

$\boxed{} + 10 = \boxed{}$

* verschiedene Rechenwege nachvollziehen und übertragen

1 | Nutze die Verdopplungsaufgabe als Rechenhilfe.

$5 + 6 = $ [ ][ ] , denn $5 + 5 = $ **1 0**

$6 + 7 = $ [ ][ ] , denn $6 + 6 = $ [ ][ ]

$8 + 7 = $ [ ][ ] , denn $8 + 8 = $ [ ][ ]

Die Strategien helfen dir.

2 | Rechne zuerst die Aufgabe mit 10.

$9 + 3 = $ [ ][ ] , denn **1 0** $+$ **3** $= $ **1 3**

$9 + 8 = $ [ ][ ] , denn **1 0** $+$ [ ] $= $ [ ][ ]

$7 + 9 = $ [ ][ ] , denn [ ] $+$ **1 0** $= $ [ ][ ]

3 | Nutze die Tauschaufgabe.

$4 + 9 = $ [ ][ ] , denn **9** $+$ **4** $= $ **1 3**

$3 + 8 = $ [ ][ ] , denn [ ] $+$ [ ] $= $ [ ][ ]

$4 + 7 = $ [ ][ ] , denn [ ] $+$ [ ] $= $ [ ][ ]

4 | Rechne bis 10 und dann weiter.

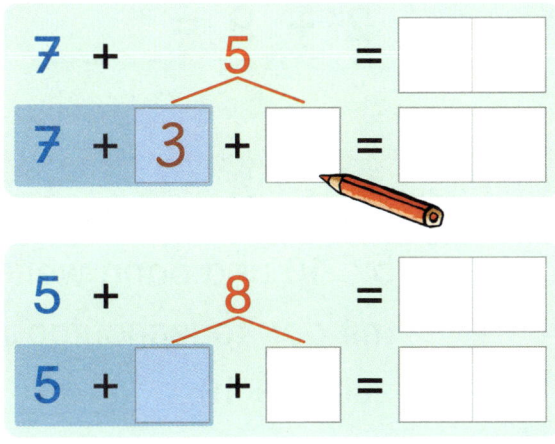

$7 + \overset{5}{\frown} = $ [ ][ ]

$7 + 3 + $ [ ] $= $ [ ][ ]

$8 + \overset{6}{\frown} = $ [ ][ ]

$8 + 2 + $ [ ] $= $ [ ][ ]

$5 + \overset{8}{\frown} = $ [ ][ ]

$5 + $ [ ] $+ $ [ ] $= $ [ ][ ]

$4 + \overset{8}{\frown} = $ [ ][ ]

$4 + $ [ ] $+ $ [ ] $= $ [ ][ ]

1 Rechne geschickt.
Kreuze an, wie du rechnest. Schreibe deine Rechnung auf.

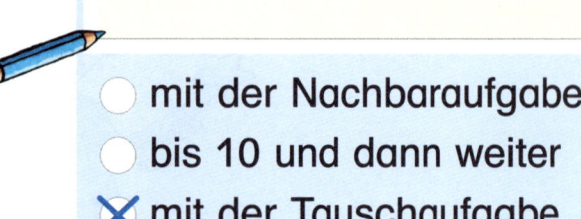

3 + 8 = ☐☐

○ mit der Nachbaraufgabe
○ bis 10 und dann weiter
✗ mit der Tauschaufgabe
○ zuerst +10

7 + 6 = ☐☐

○ mit der Nachbaraufgabe
○ bis 10 und dann weiter
○ mit der Tauschaufgabe
○ zuerst +10

6 + 9 = ☐☐

○ mit der Nachbaraufgabe
○ bis 10 und dann weiter
○ mit der Tauschaufgabe
○ zuerst +10

6 + 5 = ☐☐

○ mit der Nachbaraufgabe
○ bis 10 und dann weiter
○ mit der Tauschaufgabe
○ zuerst +10

9 + 8 = ☐☐

○ mit der Nachbaraufgabe
○ bis 10 und dann weiter
○ mit der Tauschaufgabe
○ zuerst +10

2 + 9 = ☐☐

○ mit der Nachbaraufgabe
○ bis 10 und dann weiter
○ mit der Tauschaufgabe
○ zuerst +10

* aufgabenbezogen geeignete Rechenstrategien zum vorteilhaften Rechnen auswählen

1 Löse die Aufgaben.

Ich nutze immer den besten Rechenweg!

$5 + 6 = \boxed{1\ 1}$

$9 + 3 = \boxed{}$

$7 + 8 = \boxed{}$

$4 + 8 = \boxed{}$

$8 + 6 = \boxed{}$

$7 + 9 = \boxed{}$

$5 + 7 = \boxed{}$

$9 + 2 = \boxed{}$

2 Übertrage die Aufgaben ins Heft und löse sie.

Seite 13 Aufgabe 2

$5 + 8 = 1\ 3$ $9 + 8 =$

$6 + 7 =$ $7 + 5 =$

$9 + 9 =$ $9 + 4 =$

$8 + 7 =$ $8 + 4 =$

3 Übe mit einem Partnerkind Plusaufgaben.

$8 + 5$

8+5

7+6

$8 + 5 = 13$

★ aufgabenbezogen geeignete Strategie wählen
★ Aufgaben lösen ★ Hefteintrag üben
★ mit einem Partnerkind und Rechenkärtchen üben

 D 59   ÜH 52   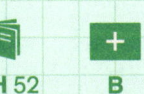 B   **13**

12 – 5 = 7

12 – 6 = 6

12 – 7 = 5

Das sind **Nachbaraufgaben** von 12 – 6.

1 Schreibe die Nachbaraufgaben auf und löse sie.

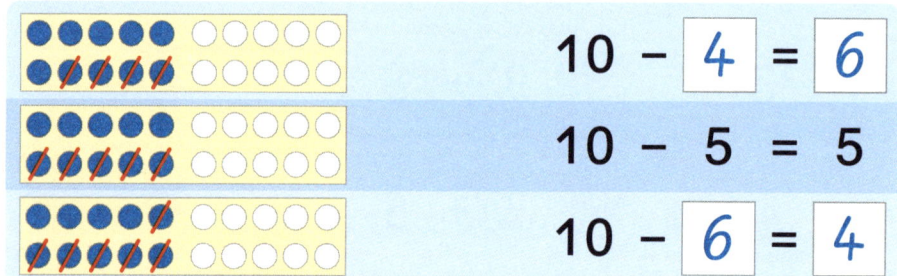

10 – 4 = 6

10 – 5 = 5

10 – 6 = 4

14 – ☐ = ☐

14 – 7 = 7

14 – ☐ = ☐

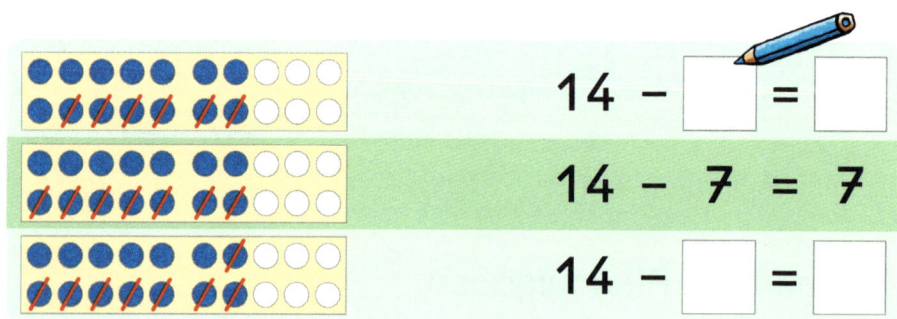

16 – ☐ = ☐

16 – 8 = 8

16 – ☐ = ☐

B

★ Nachbaraufgaben von Halbierungsaufgaben im Zwanzigerfeld bei verändertem Subtrahenden ablesen, notieren und lösen

$11 - 6 = 5$

$12 - 6 = 6$

$13 - 6 = 7$

Das sind **Nachbaraufgaben** von 12 – 6.

---

2 Schreibe die Nachbaraufgaben auf und löse sie.

$9 - 5 = \boxed{}$

$10 - 5 = 5$

$11 - 5 = \boxed{}$

$\boxed{} - 7 = \boxed{}$

$14 - 7 = 7$

$\boxed{} - 7 = \boxed{}$

$\boxed{} - 8 = \boxed{}$

$16 - 8 = 8$

$\boxed{} - 8 = \boxed{}$

1 Löse die beiden Nachbaraufgaben.

$10 - 4 = 6$

$10 - 5 = 5$

$10 - 6 = \square$

$14 - 6 = \square$

$14 - 7 = 7$

$14 - 8 = \square$

$12 - 5 = \square$

$12 - 6 = 6$

$12 - 7 = \square$

$16 - 7 = \square$

$16 - 8 = 8$

$16 - 9 = \square$

2 Löse die beiden Nachbaraufgaben.

$11 - 6 = \square$

$12 - 6 = 6$

$13 - 6 = \square$

$17 - 9 = \square$

$18 - 9 = \quad 9$

$19 - 9 = \square$

3 Löse zuerst die Halbierungsaufgabe.

$15 - 7 = \square$, denn $14 - 7 = 7$

$12 - 5 = \square$, denn $12 - 6 = \square$

$16 - 7 = \square$, denn $16 - 8 = \square$

$15 - 8 = \square$, denn $16 - 8 = \square$

★ Halbierungs- und Nachbaraufgaben lösen
★ die passenden Halbierungsaufgaben als Rechenhilfe nutzen

1 Rechne zuerst die Minus-10-Aufgabe.

$12 - 10 = \boxed{2}$ $17 - 10 = \boxed{7}$

$12 - 9 = \boxed{3}$ $17 - 9 = \boxed{}$

$15 - 10 = \boxed{}$ $13 - 10 = \boxed{}$

$15 - 9 = \boxed{}$ $13 - 9 = \boxed{}$

$18 - 10 = \boxed{}$ $11 - 10 = \boxed{}$

$18 - 9 = \boxed{}$ $11 - 9 = \boxed{}$

2 Finde und löse zuerst die Minus-10-Aufgabe.

$1\;5 - 1\;0 = \boxed{}$ $\boxed{} - \boxed{} = \boxed{}$

$15 - 9 = \boxed{}$ $14 - 9 = \boxed{}$

$\boxed{} - \boxed{} = \boxed{}$ $\boxed{} - \boxed{} = \boxed{}$

$16 - 9 = \boxed{}$ $12 - 9 = \boxed{}$

$\boxed{} - \boxed{} = \boxed{}$ $\boxed{} - \boxed{} = \boxed{}$

$13 - 9 = \boxed{}$ $17 - 9 = \boxed{}$

3 Erkläre einem anderen Kind, wie du Minus-9-Aufgaben leichter rechnen kannst.

1 Rechne bis 10 und dann weiter.

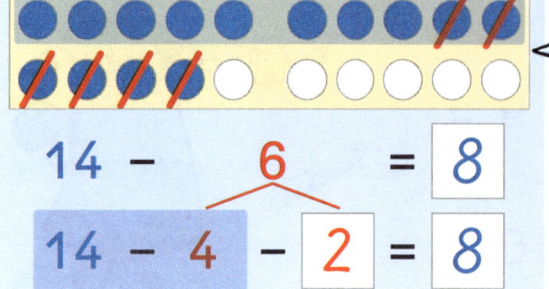

$$14 - 6 = 8$$
$$14 - 4 - 2 = 8$$

Ich rechne zuerst bis 10 und dann weiter.

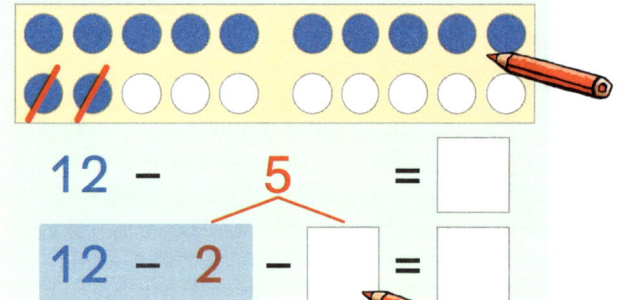

$$12 - 5 =$$
$$12 - 2 - \square =$$

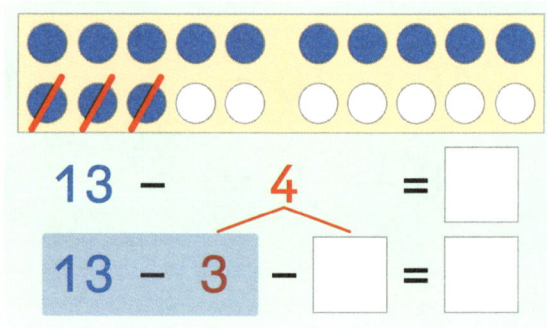

$$13 - 4 =$$
$$13 - 3 - \square =$$

2 Rechne bis 10 und dann weiter.

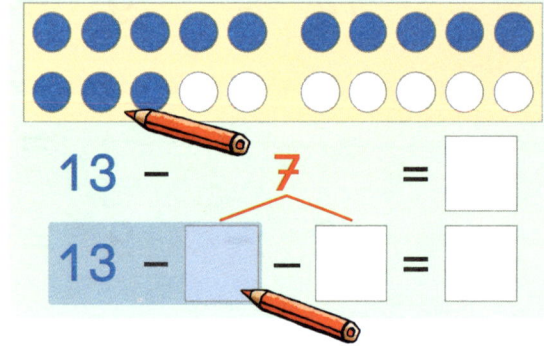

$$13 - 7 =$$
$$13 - \square - \square =$$

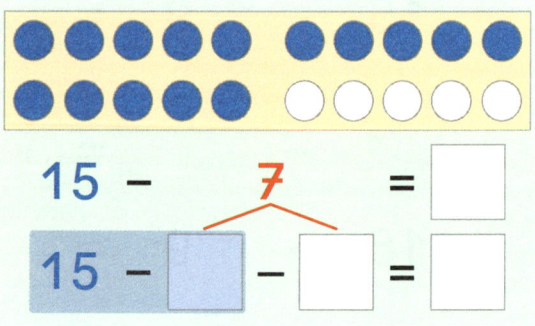

$$15 - 7 =$$
$$15 - \square - \square =$$

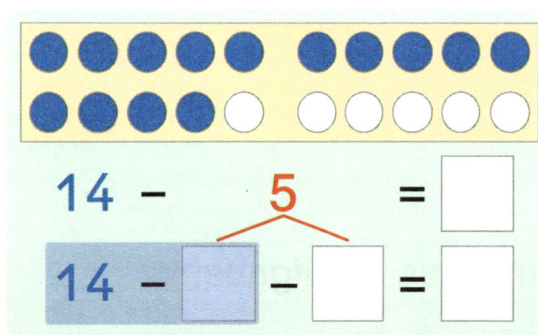

$$14 - 5 =$$
$$14 - \square - \square =$$

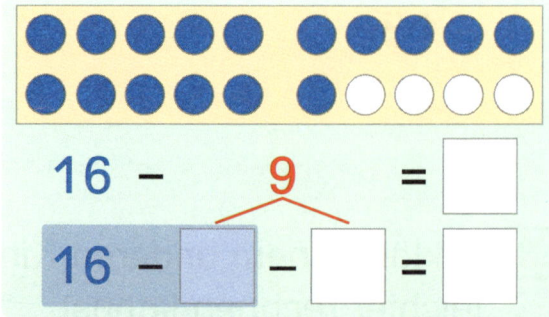

$$16 - 9 =$$
$$16 - \square - \square =$$

★ mithilfe von Zwanzigerfeldern die Strategie „bis 10 und dann weiter" kennenlernen
★ Zerlegung des Subtrahenden im Zwanzigerfeld einzeichnen und ablesen

B

3 Rechne bis 10 und dann weiter.

Und wieder rechne ich bis 10 und dann weiter.

13 − 7 = 6
13 − 3 − 4 = 6

12 − 8 = ☐
12 − 2 − ☐ = ☐

13 − 8 = ☐
13 − 3 − ☐ = ☐

16 − 7 = ☐
16 − 6 − ☐ = ☐

4 Rechne bis 10 und dann weiter.

11 − 7 = ☐
11 − ☐ − ☐ = ☐

12 − 3 = ☐
12 − ☐ − ☐ = ☐

14 − 8 = ☐
14 − ☐ − ☐ = ☐

15 − 6 = ☐
15 − ☐ − ☐ = ☐

5 Finde selbst Aufgaben und löse sie.

☐ − ☐ = ☐
☐ − ☐ − ☐ = ☐

☐ − ☐ = ☐
☐ − ☐ − ☐ = ☐

★ mit der Strategie „bis 10 und dann weiter" Minusaufgaben lösen
★ zur Strategie „bis 10 und dann weiter" selbst passende Aufgaben finden

ÜH 54   **19**

1 Rechne wie die Kinder.

Ich rechne zuerst bis 10 und dann weiter.

Mai-Lin

12 − 5 = 7

12 − 2 − 3 = 7

13 − 4 = ☐

1 3 − 3 − ☐ = ☐

Mir hilft die Nachbaraufgabe. Sie ist eine Halbierungsaufgabe und die weiß ich auswendig.

Patrick

12 − 7 = 5

12 − 6 = 6

14 − 8 = ☐

☐ − 7 = ☐

Mir hilft auch die Nachbaraufgabe. Sie ist eine Halbierungsaufgabe und die weiß ich auswendig.

Lena

17 − 8 = 9

16 − 8 = 8

15 − 7 = ☐

1 4 − ☐ = ☐

Ich rechne zuerst −10.

Max

15 − 9 = 6

15 − 10 = 5

17 − 9 = ☐

☐ − 1 0 = ☐

★ verschiedene Rechenwege nachvollziehen und übertragen

1 Nutze die Halbierungsaufgabe als Rechenhilfe.

Die Strategien helfen dir.

13 − 6 = ☐ , denn 12 − 6 = 6

15 − 8 = ☐ , denn 16 − 8 = ☐

14 − 6 = ☐ , denn 14 − 7 = ☐

12 − 5 = ☐ , denn 12 − 6 = ☐

2 Rechne zuerst die Minus-10-Aufgabe.

15 − 9 = ☐ , denn 1 5 − 10 = 5

17 − 9 = ☐ , denn ☐ ☐ − 10 = ☐

13 − 9 = ☐ , denn ☐ ☐ − 10 = ☐

16 − 9 = ☐ , denn ☐ ☐ − 10 = ☐

3 Rechne bis 10 und dann weiter.

13 − 5 = ☐
13 − 3 − ☐ = ☐

11 − 4 = ☐
11 − 1 − ☐ = ☐

15 − 6 = ☐
15 − ☐ − ☐ = ☐

12 − 3 = ☐
12 − ☐ − ☐ = ☐

1 Rechne geschickt.

Kreuze an, wie du rechnest. Schreibe deine Rechnung auf.

14 − 8 = ☐

☒ mit der Nachbaraufgabe
◯ bis 10 und dann weiter
◯ zuerst − 10

17 − 9 = ☐

◯ mit der Nachbaraufgabe
◯ bis 10 und dann weiter
◯ zuerst − 10

11 − 4 = ☐

◯ mit der Nachbaraufgabe
◯ bis 10 und dann weiter
◯ zuerst − 10

13 − 6 = ☐

◯ mit der Nachbaraufgabe
◯ bis 10 und dann weiter
◯ zuerst − 10

12 − 7 = ☐

◯ mit der Nachbaraufgabe
◯ bis 10 und dann weiter
◯ zuerst − 10

15 − 9 = ☐

◯ mit der Nachbaraufgabe
◯ bis 10 und dann weiter
◯ zuerst − 10

* aufgabenbezogen geeignete Rechenstrategien zum vorteilhaften Rechnen auswählen

1 Löse die Aufgaben.

12 − 5 = 7   15 − 7 = ▢

16 − 9 = ▢   17 − 8 = ▢

11 − 5 = ▢   11 − 6 = ▢

13 − 4 = ▢   14 − 8 = ▢

Ich nutze immer den besten Rechenweg!

2 Übertrage die Aufgaben ins Heft und löse sie.

Seite 23 Aufgabe 2

1 3 − 7 = 6   1 4 − 5 =

1 2 − 7 =   1 5 − 9 =

1 4 − 8 =   1 6 − 8 =

1 6 − 7 =   1 5 − 8 =

3 Übe mit einem Partnerkind Minusaufgaben.

13 − 5

13 − 5 = 8

★ aufgabenbezogen geeignete Strategie wählen ★ Aufgaben lösen
★ Hefteintrag üben ★ mit einem Partnerkind und Rechenkärtchen üben

D 62   ÜH 56   B   **23**

14 + 3 = 17   17 − 3 = 14

14 + 3 = 17 und
17 − 3 = 14 sind
Umkehraufgaben.

+3 →
← −3

1 Schreibe die Umkehraufgaben auf.

$12 \xrightarrow[-6]{+6} 18$

| 1 | 2 | + | 6 | = | | |
| 1 | 8 | − | 6 | = | | |

$6 \xrightarrow[-8]{+8} 14$

| | + | | = | |
| | − | | = | |

2 Schreibe die Plusaufgabe und die dazu passende Minusaufgabe auf.

$8 \xrightarrow[-4]{+4} 1\ 2$

| 8 | + | 4 | = | | |
| | | − | | = | |

$9 \xrightarrow[-2]{+2}$

| | + | | = | |
| | − | | = | |

3 Schreibe die Minusaufgabe und die dazu passende Plusaufgabe auf.

$\xrightarrow[-5]{+5} 13$

| 1 | 3 | − | 5 | = | |
| | + | | = | |

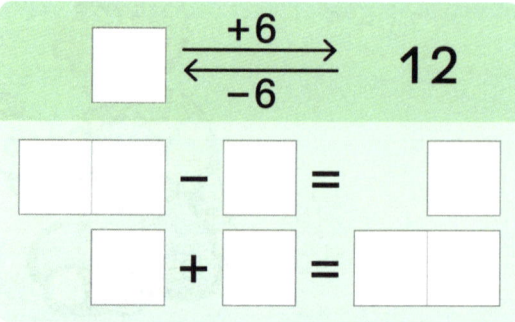

$\xrightarrow[-6]{+6} 12$

| | − | | = | |
| | + | | = | |

B

★ SF: Umkehraufgaben anhand der Abbildung beschreiben
★ SF: den Begriff „Umkehraufgabe" verwenden
★ Umkehraufgaben ablesen und notieren

$$\boxed{8} + 5 = 13$$
$$\boxed{1\ 3} - 5 = \boxed{8}$$

$$\boxed{1\ 1} - 4 = 7$$
$$\boxed{7} + 4 = \boxed{1\ 1}$$

*Mir hilft die **Umkehraufgabe.***

---

1 Schreibe zuerst die Umkehraufgabe auf. Trage dann die Lösung ein.

$$\boxed{5} + 7 = 12$$
$$\boxed{1\ 2} - \boxed{7} = \boxed{5}$$

$$\boxed{} + 3 = 11$$
$$\boxed{} - \boxed{} = \boxed{}$$

$$\boxed{} + 9 = 18$$
$$\boxed{} - \boxed{} = \boxed{}$$

$$\boxed{} + 5 = 14$$
$$\boxed{} - \boxed{} = \boxed{}$$

2 Schreibe zuerst die Umkehraufgabe auf. Trage dann die Lösung ein.

$$\boxed{1\ 2} - 4 = 8$$
$$\boxed{8} + \boxed{4} = \boxed{1\ 2}$$

$$\boxed{} - 8 = 8$$
$$\boxed{} + \boxed{} = \boxed{}$$

$$\boxed{} - 6 = 7$$
$$\boxed{} + \boxed{} = \boxed{}$$

$$\boxed{} - 5 = 7$$
$$\boxed{} + \boxed{} = \boxed{}$$

3 Erkläre einem anderen Kind, bei welchen Aufgaben dir Umkehraufgaben helfen können.

★ zu Plus- und Minusaufgaben Umkehraufgaben bilden
★ Umkehraufgaben als Lösungsstrategie für Aufgaben mit Platzhaltern an erster Stelle erkennen

ÜH 57 · 25

1

$$6 + 7 = 13 \qquad 13 - 7 = 6$$
$$\text{und} \qquad\qquad \text{und}$$
$$7 + 6 = 13 \qquad 13 - 6 = 7$$

Hier helfen **Tauschaufgaben** und **Umkehraufgaben.**

2 Schreibe zu den Zahlen je 2 passende Plus- und Minusaufgaben.

9	8	17

$$9 + 8 = 17$$
$$8 + \boxed{\ } = \boxed{\ }$$
$$17 - 8 = \boxed{\ }$$
$$17 - \boxed{\ } = \boxed{\ }$$

15	7	8

$$\boxed{\ } + \boxed{\ } = \boxed{\ }$$
$$\boxed{\ } + \boxed{\ } = \boxed{\ }$$
$$\boxed{\ } - \boxed{\ } = \boxed{\ }$$
$$\boxed{\ } - \boxed{\ } = \boxed{\ }$$

3 Finde die fehlende Zahl. Schreibe die Aufgabenfamilie auf.

5	9	

$$\boxed{\ } + \boxed{\ } = \boxed{\ }$$
$$\boxed{\ } + \boxed{\ } = \boxed{\ }$$
$$\boxed{\ } - \boxed{\ } = \boxed{\ }$$
$$\boxed{\ } - \boxed{\ } = \boxed{\ }$$

6	13	

$$\boxed{\ } + \boxed{\ } = \boxed{\ }$$
$$\boxed{\ } + \boxed{\ } = \boxed{\ }$$
$$\boxed{\ } - \boxed{\ } = \boxed{\ }$$
$$\boxed{\ } - \boxed{\ } = \boxed{\ }$$

B **ÜH 58**

★ Tausch- und Umkehraufgaben finden ★ SF: Begriffe wiederholen
★ zu vorgegebenen Zahlen Aufgabenfamilien zusammenstellen
★ passende Zahl finden und Aufgabenfamilien zusammenstellen

1 Löse die Aufgaben. Setze die Reihen fort.

6 + 5 = ☐☐

6 + 6 = ☐☐

6 + 7 = ☐☐

☐ + ☐ = ☐☐

Hier gibt es etwas zu entdecken.

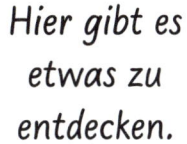

13 − 5 = ☐

13 − 6 = ☐

13 − 7 = ☐

☐☐ − ☐ = ☐

2 Löse die Aufgaben. Setzte die Reihen fort.

4 + 8 = ☐☐

5 + 8 = ☐☐

6 + 8 = ☐☐

☐ + ☐ = ☐☐

11 − 9 = ☐

12 − 9 = ☐

13 − 9 = ☐

☐☐ − ☐ = ☐

3 Löse die Ergänzungsaufgaben. Setze die Reihen fort.

9 + ☐ = 14

8 + ☐ = 14

7 + ☐ = 14

☐ + ☐ = ☐☐

16 − ☐ = 8

15 − ☐ = 8

14 − ☐ = 8

☐☐ − ☐ = ☐☐

★ **MK:** Strukturen von Aufgabenreihen erkennen und fortsetzen ★ erkennen, dass das gleiche Bildungsprinzip bei Plus- und Minusaufgaben unterschiedliche Auswirkungen auf das Ergebnis hat

1 Verdopple oder halbiere zuerst.

Ich verdopple zuerst.

$6 + 3 + 6 = 15$

$7 + 5 + 7 =$

$8 + 8 + 3 =$

$2 + 9 + 9 =$

Ich halbiere zuerst.

$16 - 8 - 5 = 3$

$14 - 3 - 7 =$

$18 - 9 - 6 =$

$16 - 3 - 8 =$

2 Rechne zuerst bis 10 und dann weiter.

Ich rechne zuerst bis 10 und dann weiter.

$5 + 7 + 3 = 15$

$6 + 4 + 7 =$

$2 + 5 + 8 =$

$3 + 8 + 7 =$

Ich rechne zuerst bis 10 und dann weiter.

$17 - 5 - 7 = 5$

$17 - 4 - 7 =$

$15 - 5 - 8 =$

$14 - 8 - 4 =$

★ verschiedene Strategien zum geschickten Rechnen mit drei Zahlen nutzen

1 Berichtige falsche Rechenzeichen.
Es sind insgesamt 5 Fehler.

18 $\times$ 5 = 13   14 − 6 = 8

10 + 10 = 20   9 + 8 = 1̶7̶

8 + 4 = 12   13 − 3 = 16

9 − 6 = 15   18 + 9 = 9

7̶ − 7̶ = 14   16 − 4 = 12

2 Berichtige falsche Zahlen.
Es sind insgesamt 5 Fehler.

1̶7̶ − 6 = 11   7̶ + 8 = 20

15 − 7̶ = $\cancel{9}$ 8   6 + 6 = 12

20 − 4 = 16   18 − 6 = 10

14 + 4 = 19   16 − 9 = 5

8 + 8 = 16   11 − 3 = 8

1

2 + 2 *ist kleiner als 7.*

3 + 4 *ist größer als 5.*

2+2 < 7

4 +2 = 6

3+4 > 5

2 + 2 **<** 7 und
3 + 4 **>** 5 sind
Ungleichungen.

4 + 2 **=** 6 ist
eine **Gleichung**.

2

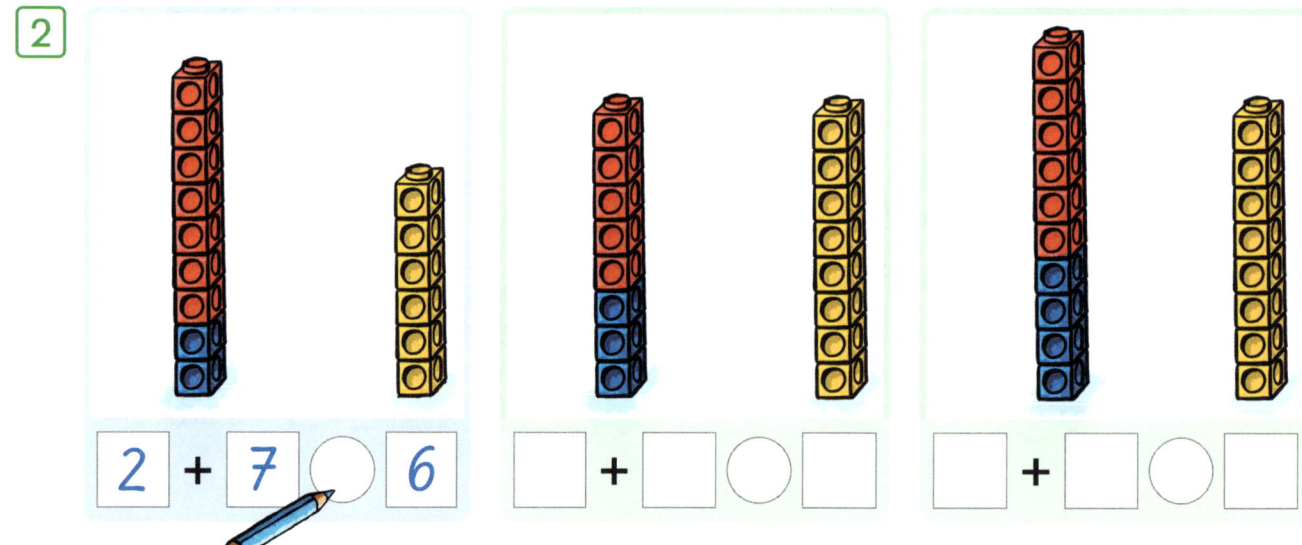

| 2 | + | 7 | ◯ | 6 |

| | + | | ◯ | |

| | + | | ◯ | |

3 Setze **<**, **>** oder **=** ein.

9 + 9 ◯= 18   16 − 9 ◯ 5

8 + 6 ◯ 13   13 − 6 ◯ 7

5 + 7 ◯ 12   12 − 8 ◯ 6

3 + 8 ◯ 13   18 − 5 ◯ 9

★ Gleichungen und Ungleichungen kennenlernen
★ **SF:** Begriffe „Gleichungen" und „Ungleichungen" verwenden
★ Zeichen <, > oder = passend einsetzen

1 Setze <, > oder = ein.

*Das kann ich
schon gut!*

8 + 5 ◯> 11   12 − 5 ◯ 8

15 − 7 ◯ 8   6 + 9 ◯ 17

7 + 6 ◯ 14   18 − 4 ◯ 12

11 − 6 ◯ 6   7 + 8 ◯ 15

2 Setze + oder − ein.

13 ◯− 4 > 8   8 ◯ 7 > 14

11 ◯ 7 = 4   12 ◯ 5 > 7

8 ◯ 9 < 20   15 ◯ 6 > 8

14 ◯ 8 = 6   9 ◯ 4 < 11

16 = 8 ◯ 8   17 > 9 ◯ 8

12 > 11 ◯ 10   8 < 6 ◯ 14

9 < 15 ◯ 5   6 > 7 ◯ 4

13 < 19 ◯ 8   13 = 5 ◯ 8

★ Relations- und Rechenzeichen passend einsetzen

1 Ergänze die Zahlenmauern.

2 Ergänze die Zahlenmauern.

3 Ergänze die Zahlenmauern.

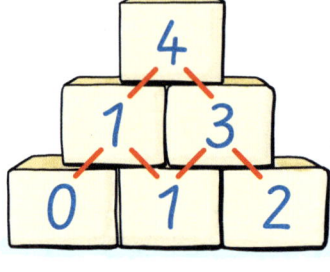

4 Ergänze die Zahlenmauern.

★ fehlende Zahlen in Zahlenmauern ergänzen

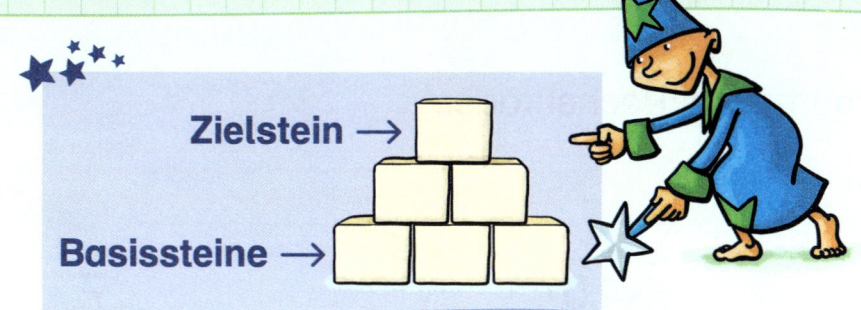

Zielstein →

Basissteine →

1 Ergänze die Zahlenmauern.

3 2 3

2 4 1

5 2 1

2 Bei den Zahlenmauern von **1** ist der rechte Basisstein ▢ um 1 erhöht. Wie verändert sich der Zielstein?

3 2 4

2 4 2

5 2 2

3 Bei den Zahlenmauern von **1** ist der mittlere Basisstein ▢ um 1 erhöht. Wie verändert sich der Zielstein?

3 3 3

2 5 1

5 3 1

4 Erkläre deine Entdeckungen einem anderen Kind.

★ Veränderungen in Basissteinen und ihre Auswirkungen auf den Zielstein untersuchen
★ MK: Strukturen in Zahlenmauern erkennen und fortsetzen
★ SF: Erkenntnisse formulieren

33

1 Ergänze die Rechenräder.

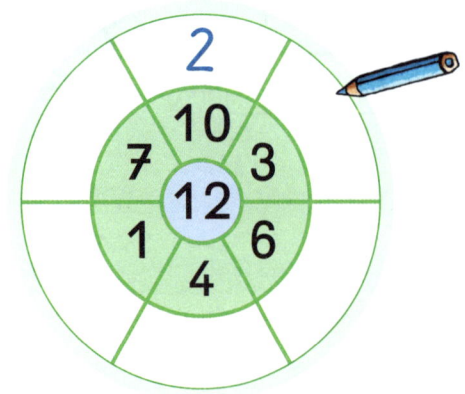

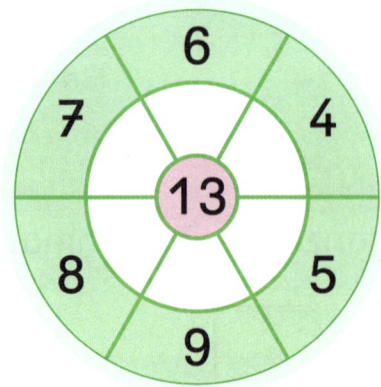

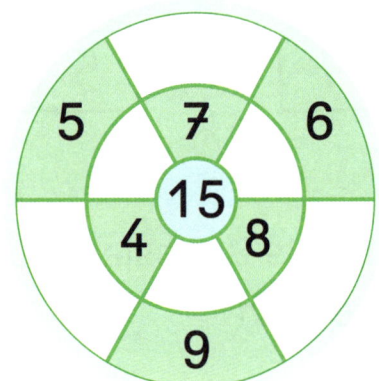

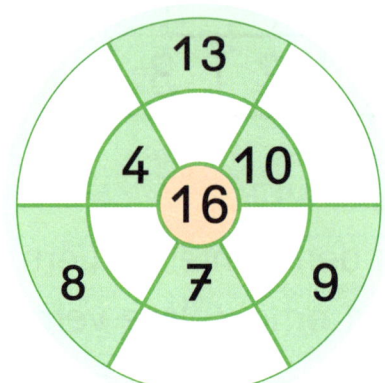

2 Fülle die Rechentabellen aus.

+	5	6	7
8			
6			

+	9	3	7
7			
9			

3 Fülle die Rechentabellen aus.

−	6	7	8
16			
14			

−	6	4	7
12			
15			

1 Trage die Zahlen so ein, dass sich senkrecht ↓
und waagerecht → die angegebene Zahl ergibt.

immer 10

2	4	4
3	2	5
5	4	1

↓   →

immer 10

5	2	3
	1	4

$5 + 2 + 3 = 10$

immer 15

	10	2
5	3	

immer 15

4		
0	3	
		1

immer 15

1		8
7		7

2 Trage passende Zahlen ein.

immer 12

6		
	3	
		5

immer 16

		7
	4	
6		

immer 13

5		
	5	
		5

★ Rechenquadrate ergänzen und erstellen ★ systematisches Vorgehen entwickeln
★ MK: Strukturen in Rechenquadraten entdecken

1 Betrachte das Bild. Welche Fragen kannst du beantworten? Markiere sie gelb.

Wie viele Kinder stehen am Stand für Getränke?

Wie viele Kinder hüpfen mit dem Sack?

Wie viele Kinder siehst du beim Dosenwerfen?

Wie alt ist Frau Müller?

Wie teuer ist ein Stück Kuchen?

Kann es sein, dass 5 Kugeln Eis 15 Euro kosten?

2 Finde eine weitere Frage zum Bild.

★ **MK:** einem Bild auf Fragen bezogene Informationen entnehmen
★ **SF:** passende Fragen und Antworten formulieren

1 Kreise das passende Rechenzeichen ein.

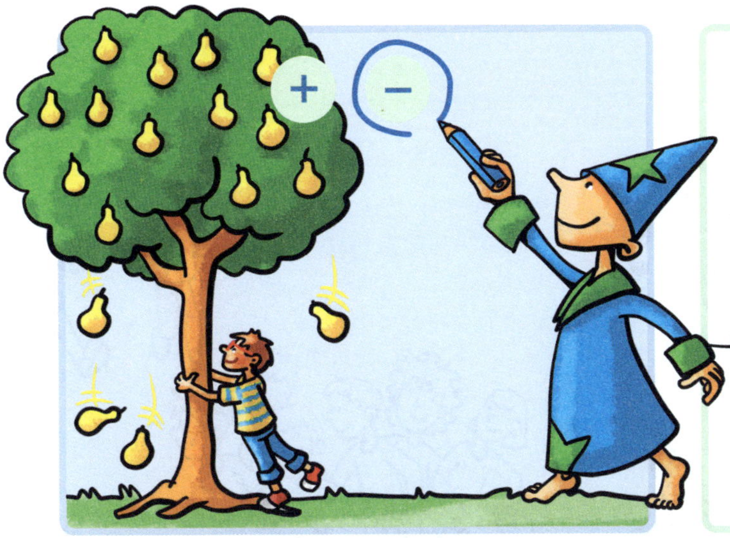

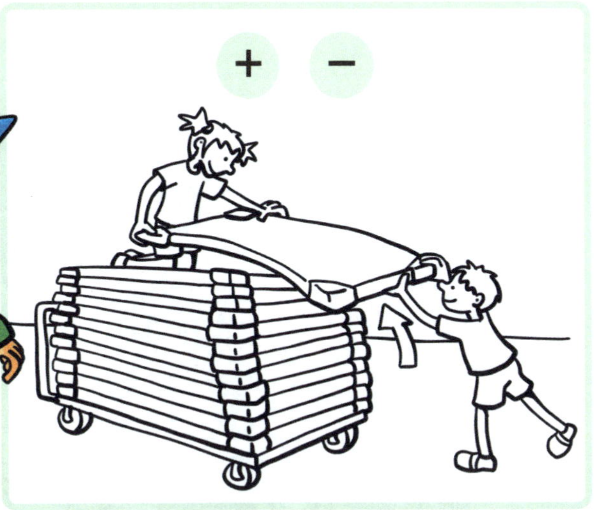

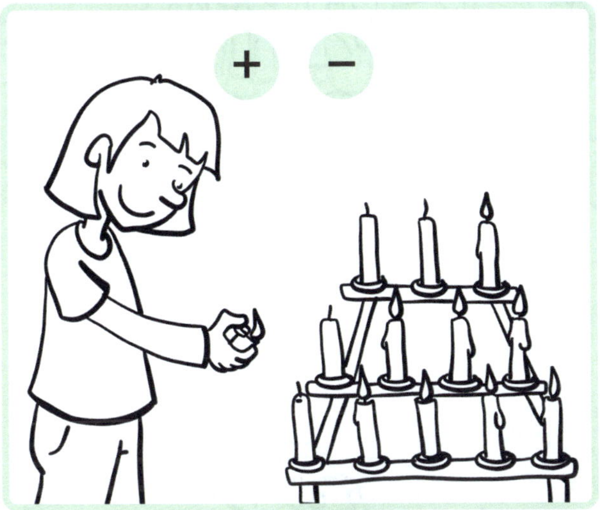

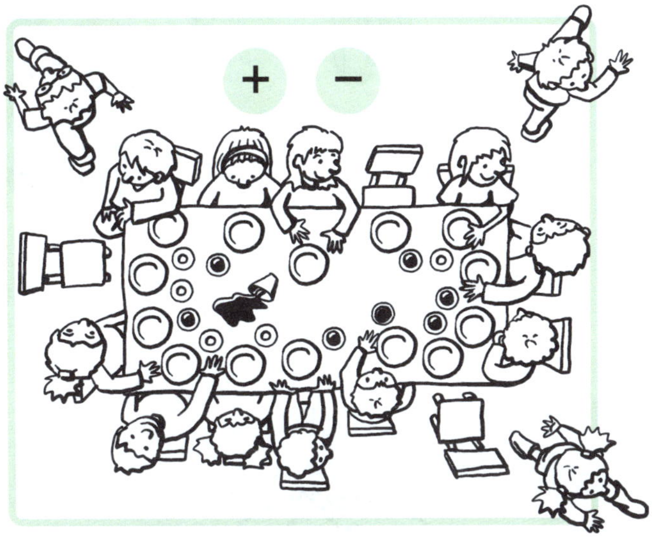

+ −

+ −

+ −

+ −

2 Trage + oder − ein. Male selbst ein passendes Bild.
Erzähle einem anderen Kind deine Rechengeschichte.

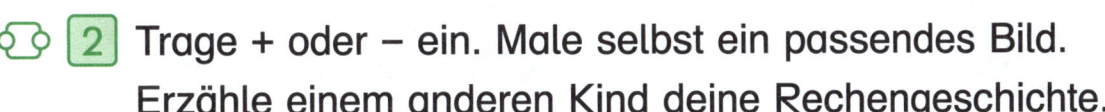

★ **SF:** in Bildern dargestellte Handlungen beschreiben
★ die Rechenzeichen + und − als Repräsentanten unterschiedlicher Tätigkeiten erkennen

37

1 Schreibe zu jedem Bild eine passende Rechenaufgabe.

$$1\ 3\ -\ 5\ =\ \boxed{}\ 8$$

$$\boxed{}\ \bigcirc\ \boxed{}\ =\ \boxed{}$$

$$\boxed{}\ \bigcirc\ \boxed{}\ =\ \boxed{}$$

$$\boxed{}\ \bigcirc\ \boxed{}\ =\ \boxed{}$$

1 Verbinde passend.

9 Matten liegen
auf dem Wagen.
Die Kinder legen
2 Matten dazu.

$9 + 2 =$

11 Kinder saßen
auf der Bank.
5 Kinder
gehen weg.

$15 - 6 =$

15 Bälle lagen
im Schrank.
Ein Kind holt
6 Bälle.

$11 - 5 =$

★ in Textform beschriebene Handlungen, in Bildern dargestellte Handlungen
und Rechenaufgaben einander zuordnen

1 Verbinde passend. Berechne das Ergebnis.

Lea hat 7 Postkarten.
Sie bekommt noch 5 Postkarten.

$7 + 6 = \boxed{}$

Mai-Lin hat 8 Puppen.
5 Puppen leiht sie ihrer Freundin.

$7 + 5 = \boxed{1 \ 2}$

Janek hat 7 Steine gesammelt.
Er findet noch 6 Steine.

$8 + 5 = \boxed{}$

Anne hatte 13 Sticker gesammelt.
Leider hat sie 5 Sticker verloren.

$8 - 5 = \boxed{}$

Maja hat 13 Autos in einer Kiste.
Sie legt 5 Autos dazu.

$13 + 5 = \boxed{}$

Ole hat 8 Ritter im Regal.
Er stellt noch 5 Ritter dazu.

$13 - 5 = \boxed{}$

2 Schreibe zu der Rechengeschichte die passende Aufgabe.

Tim hat 16 Kaugummis.
Er verschenkt 7 Kaugummis.

$\boxed{} \ \bigcirc \ \boxed{} = \boxed{}$

* im Text beschriebene Vorgänge und Rechenaufgaben zuordnen

1 Schreibe eine Rechengeschichte zu $8 + 6$.

_____

_____

_____

_____

_____

_____

2 Schreibe eine Rechengeschichte zu $12 - 4$.

_____

_____

_____

_____

_____

_____

 **3** Bitte ein anderes Kind, deine Rechengeschichten zu lösen. So könnt ihr überprüfen, ob Aufgabe und Geschichte zusammenpassen.

★ SF: zu vorgegebenen Aufgaben passende Rechengeschichten schreiben
★ mithilfe eines Partnerkindes die Stimmigkeit von Rechengeschichte
und vorgegebener Aufgabe kontrollieren

D 68

1

Das sind 5 Euro.

2 Verbinde.

 20 Euro
20 €

100 Euro
100 €

50 Euro
50 €

5 Euro
5 €

10 Euro
10 €

42

€
B

★ Werte von Geldscheinen in der Einheit Euro ermitteln, benennen und notieren
★ Zeichen € als Abkürzung für „Euro" kennenlernen

1

Das sind Euro-Münzen.

Das sind Cent-Münzen.

Es gibt Euro-Münzen und Cent-Münzen.
Die Abkürzung für **Euro** ist **€**.
Die Abkürzung für **Cent** ist **ct**.

2 Erkenne, ob es Euro oder Cent sind. Ordne zu.

3 Bestimme den Wert der Münzen. Ordne zu.

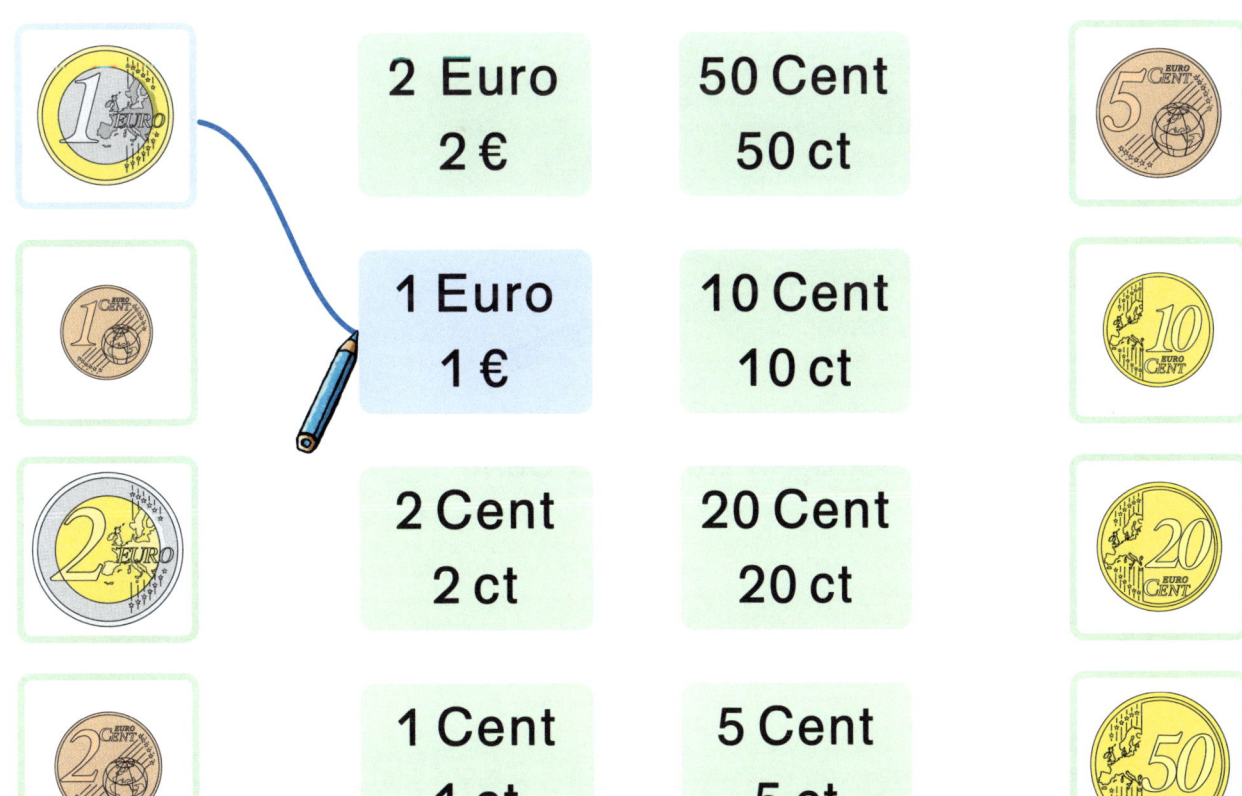

2 Euro 2 €	50 Cent 50 ct
1 Euro 1 €	10 Cent 10 ct
2 Cent 2 ct	20 Cent 20 ct
1 Cent 1 ct	5 Cent 5 ct

★ Münzen nach den Einheiten Euro und Cent sortieren
★ Werte von Münzen in den Einheiten Euro und Cent ermitteln und benennen
★ Abkürzung ct für „Cent" kennenlernen

1 Bestimme, wie viel Euro es sind.

15 €

2 Bestimme, wie viel Cent es sind.

17 ct

3 Bestimme den Betrag in Euro und Cent.

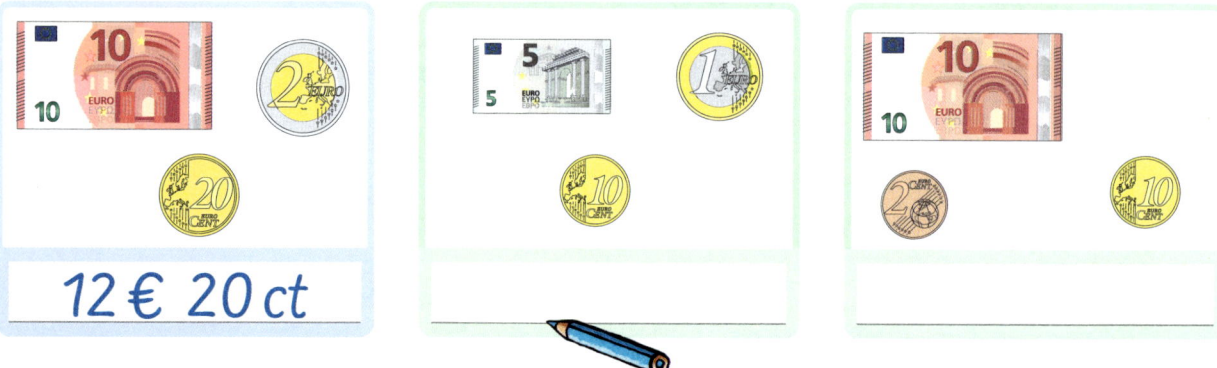

12 € 20 ct

★ den Gesamtwert der dargestellten Geldbeträge ermitteln

1 Bestimme die Beträge. Kreuze an, wo mehr ist.

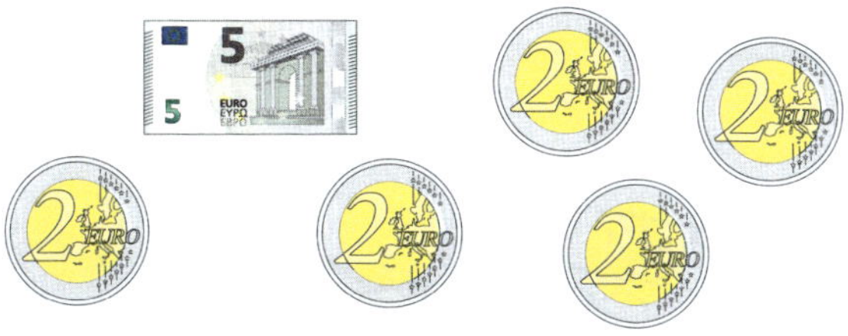

15 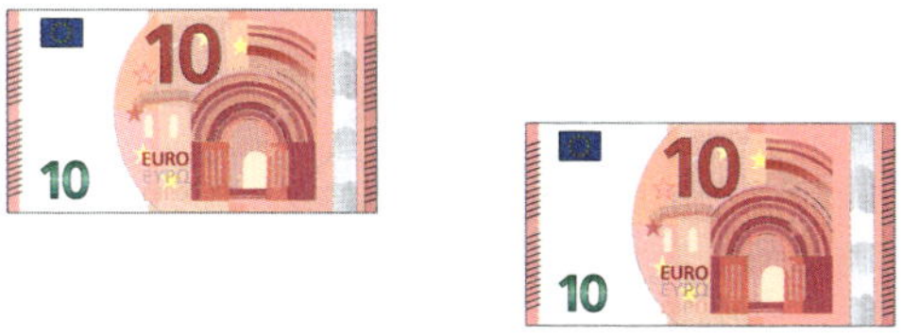 € ○   ✗ 20 €

_____ ○   ○ _____

_____ ○   ○ _____

_____ ○   ○ _____

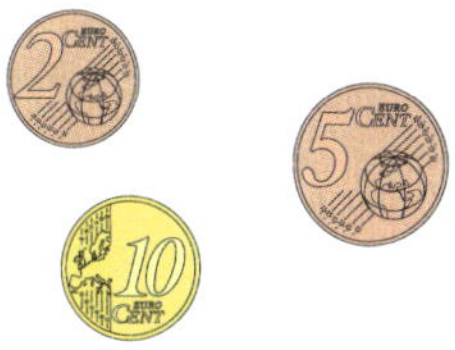

★ Geldbeträge ermitteln und vergleichen, größeren Betrag ankreuzen ★ erkennen,
dass die Anzahl der Scheine und Münzen für den Gesamtbetrag nicht maßgeblich ist

ÜH 61   45

1

2 Lege und zeichne die Eurobeträge.

12 €   15 €   7 €

3 Lege und zeichne die Centbeträge.

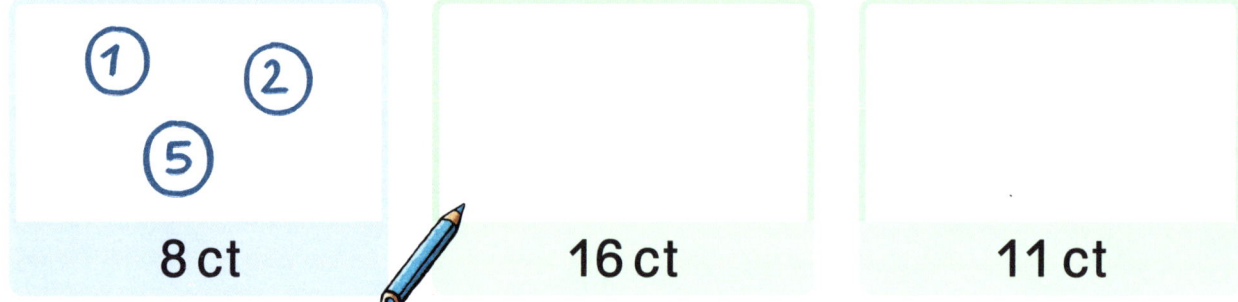

8 ct   16 ct   11 ct

4 Lege und zeichne die Geldbeträge.

9 € 3 ct   10 € 10 ct   5 € 15 ct

€
B

★ Geldbeträge mit Scheinen und Münzen legen ★ Darstellung von Euro-Münzen mit Doppelkreis und von Cent-Münzen mit Einfachkreis erkennen und umsetzen

1 Bezahle mit möglichst wenigen Scheinen und Münzen.
Lege und zeichne.

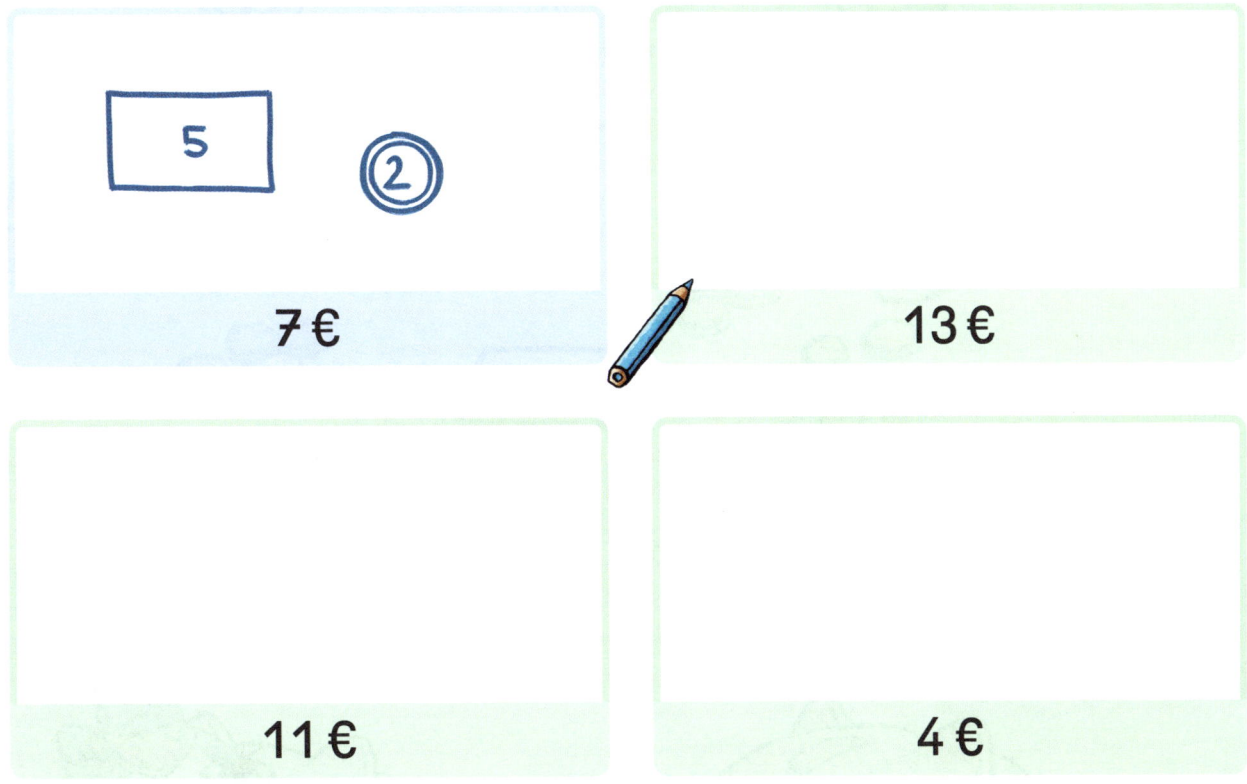

7 €   13 €

11 €   4 €

2 Bezahle nur mit Münzen. Lege und zeichne.

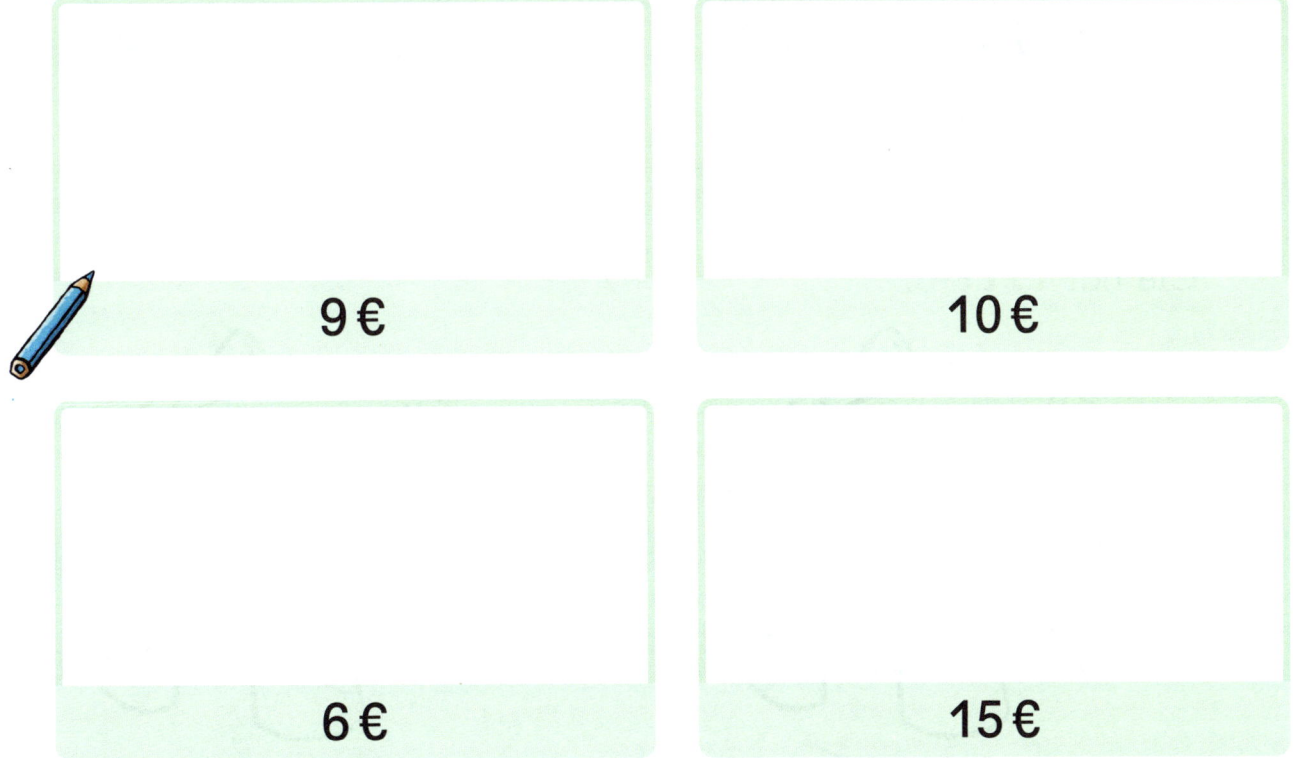

9 €   10 €

6 €   15 €

Ich habe für 20 ct schon 3 Möglichkeiten gefunden. Und du?

20 ct

2 Zeichne immer 2 Möglichkeiten.

Tom hat 17 Euro.

Ole hat 15 Euro.

 € B

★ vorgegebene Geldbeträge auf unterschiedliche Arten zusammenstellen
★ ggf. zuerst mit Rechengeld legen

3 Zeichne 3 Möglichkeiten.

Lea hat 10 Euro.

4 Lege die Beträge auf unterschiedliche Weise.
Trage immer 3 Möglichkeiten in die Tabelle ein.

10	5	2€	1€
1	1	1	1
–	3	1	1

10	5	2€	1€

1 Ergänze die Euro-Beträge. Lege und zeichne.

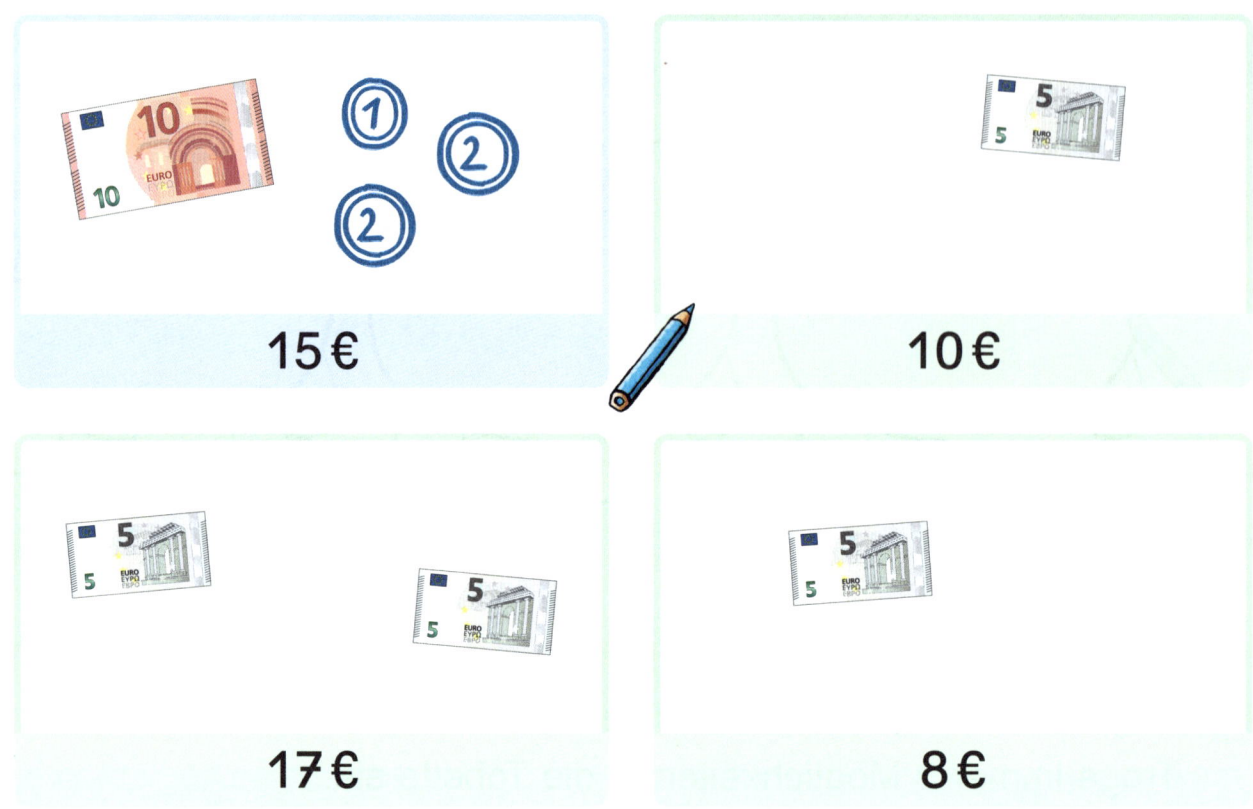

15 €

10 €

17 €

8 €

2 Ergänze die Cent-Beträge. Lege und zeichne.

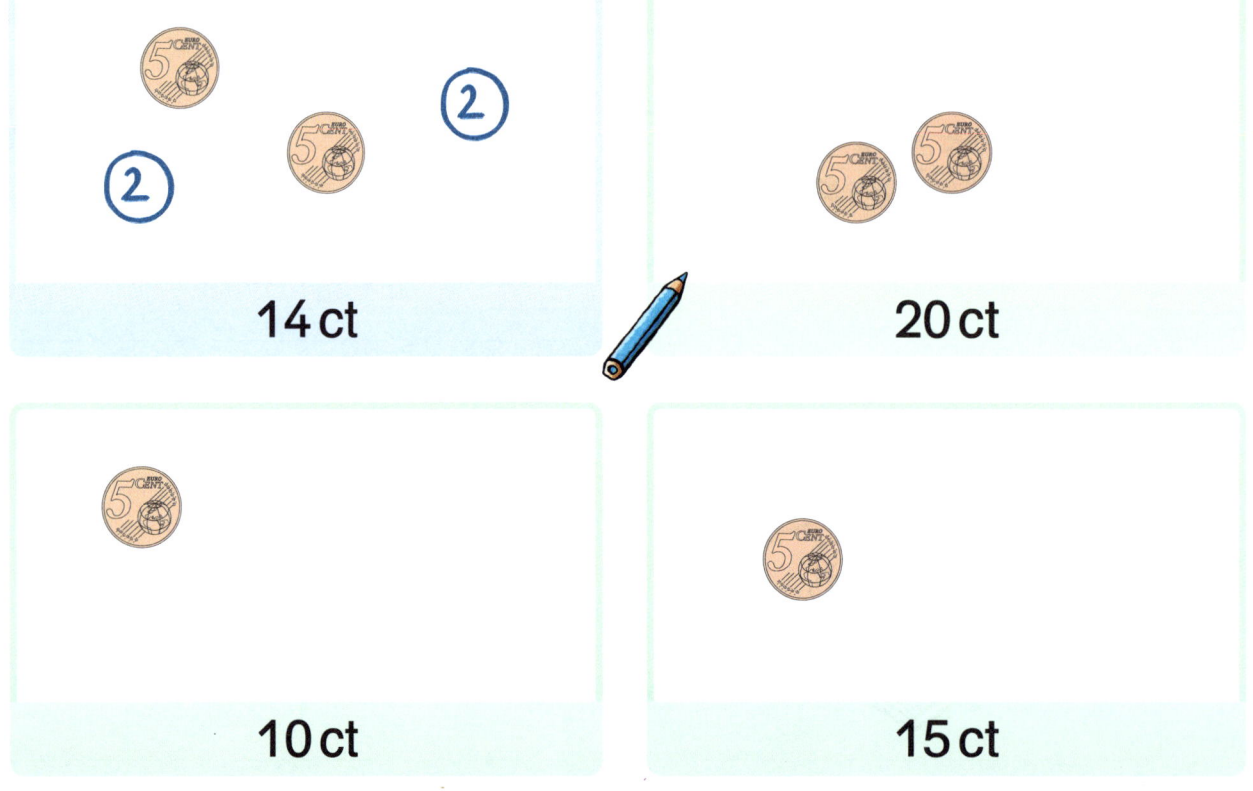

14 ct

20 ct

10 ct

15 ct

€
B

* Geldbeträge auf den vorgegebenen Betrag ergänzen, fehlenden Betrag handelnd und zeichnerisch ermitteln

1 Zeichne, wie du bezahlst.
Trage den Gesamtpreis ein.

Wie viel kostet es?

Es kostet _18_ Euro _20_ Cent.

Wie viel kostet es?

Es kostet _____ Euro.

Wie viel kostet es?

Es kostet _____ Euro.

Wie viel kostet es?

Es kostet _____ Euro.

★ zu in Bildern dargestellten Einkaufssituationen Gesamtpreise ermitteln und zeichnen,
wie diese bezahlt werden können ★ ggf. zuerst legen und dann zeichnen

Der **Gesamtpreis** ist der Geldbetrag, den ich insgesamt bezahlen muss.

1 Was kosten das Dominospiel und der Block **insgesamt**?

Sie kosten 4 € und 2 €, also **insgesamt** 6 €.

2 Berechne, was es kostet.

4 € + 2 € = 6 €

☐ € + ☐ € = ☐ €

☐ € + ☐ € = ☐ €

☐ € + ☐ € = ☐ €

☐ € + ☐ € = ☐ €

☐ € + ☐ € = ☐ €

€ B

★ Kaufladen aufbauen, einkaufen und verkaufen spielen
★ Gesamtpreise in dargestellten Einkaufssituationen ermitteln

1 Berechne, wie viel die Kinder bezahlen müssen.

Tim kauft

| 18 € | + | 2 € | = | ☐ € |

Tim muss ☐ € bezahlen.

Sofie kauft

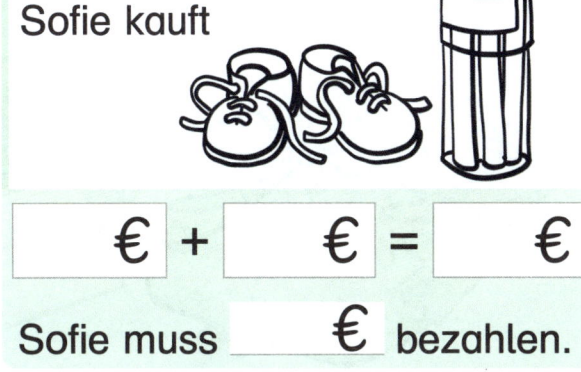

| ☐ € | + | ☐ € | = | ☐ € |

Sofie muss ☐ € bezahlen.

Lena kauft

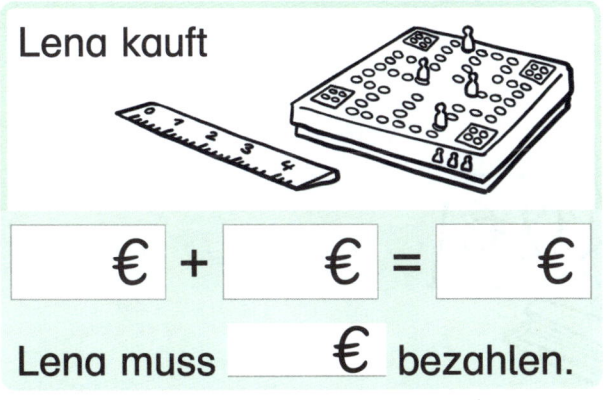

| ☐ € | + | ☐ € | = | ☐ € |

Lena muss ☐ € bezahlen.

Ole kauft

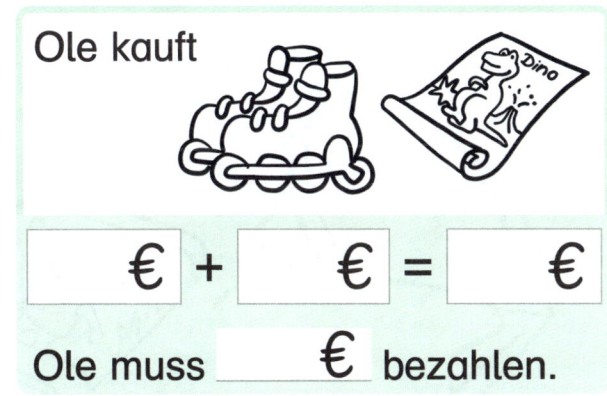

| ☐ € | + | ☐ € | = | ☐ € |

Ole muss ☐ € bezahlen.

2 Ich kaufe

Ich muss ☐ € bezahlen.

★ Gesamtpreise in bildlich dargestellten Einzelsituationen ermitteln, Antwortsatz notieren
★ selbst Einkaufssituation darstellen und Gesamtpreis ermitteln

 ÜH 63 **53**

Das **Restgeld** ist der Geldbetrag, den ich nach dem Einkauf noch habe.

1 Streiche die Scheine und Münzen durch, mit denen du bezahlen musst. Ermittle, wie viel Geld noch übrig ist.

Wie viel Geld bleibt übrig?

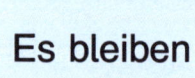

Es bleiben _____ 5 € _____ übrig.

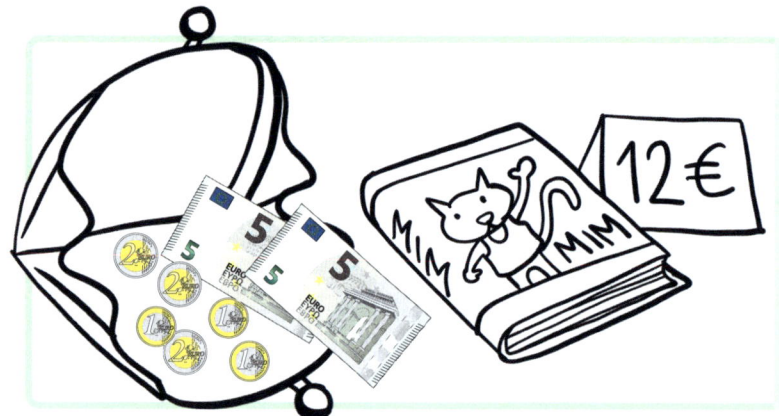

Wie viel Geld bleibt übrig?

Es bleiben _____ € übrig.

Wie viel Geld bleibt übrig?

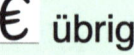

Es bleiben _____ € übrig.

★ bei in Bildern dargestellten Einkaufssituationen das Restgeld ermitteln

1 Ermittle den Gesamtpreis.

Ich habe	Ich kaufe	Gesamtpreis
10 €	🔮 🔮	6 €
20 €	👟 📏	
15 €	🦛 🔮 🖍	
20 €	🦖 🦖	

2 Fülle die Tabelle aus.

Ich habe	Ich kaufe	Gesamtpreis	Restgeld
20 €	🔮 🦖	9 €	11 €
20 €	🦛 🔮 📏		
20 €	🦖 👟		
20 €	🦛 🦖		

★ zu in Tabellenschreibweise dargestellten Sachsituationen Gesamtpreis
bzw. Gesamtpreis und Restgeld ermitteln

1

*8 € musst du mir **geben**.*

*Wie viel Euro bekomme ich **zurück**?*

Das **Rückgeld** ist der Geldbetrag, den ich zurückbekomme.

2 Ermittle das Rückgeld.

gegeben:
zurück: 12 €

gegeben:
zurück:

gegeben:
zurück: _____

gegeben:
zurück: _____

gegeben:
zurück: _____

gegeben:
zurück: _____

★ Einkaufsgeschichten spielen, nicht passend bezahlen, Rückgeld ermitteln
★ zu bildlich dargestellten Einkaufssituationen das Rückgeld ermitteln

1 Berechne das Rückgeld.

Lea gibt   Lea kauft

$10\,€ - 6\,€ = 4\,€$

Lea bekommt __4 €__ zurück.

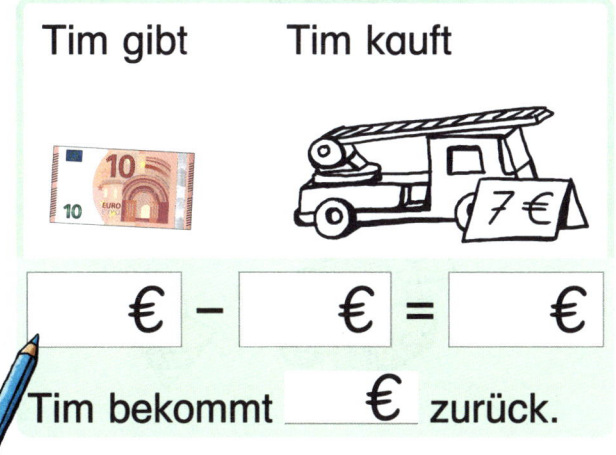

Tim gibt   Tim kauft

$\boxed{}\,€ - \boxed{}\,€ = \boxed{}\,€$

Tim bekommt ____ € zurück.

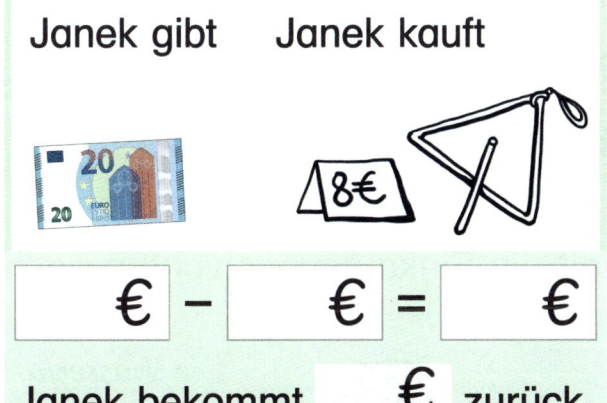

Janek gibt   Janek kauft

$\boxed{}\,€ - \boxed{}\,€ = \boxed{}\,€$

Janek bekommt ____ € zurück.

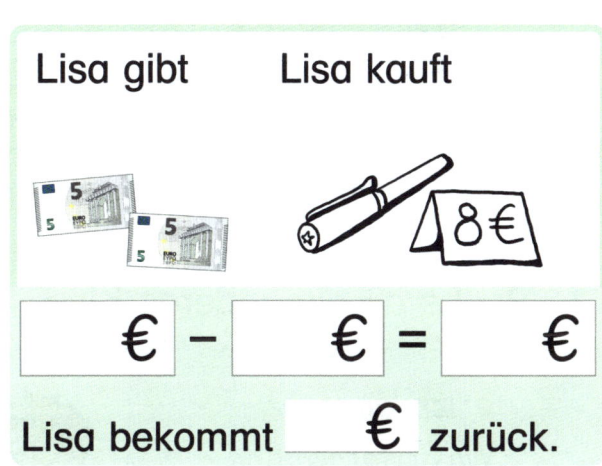

Lisa gibt   Lisa kauft

$\boxed{}\,€ - \boxed{}\,€ = \boxed{}\,€$

Lisa bekommt ____ € zurück.

2 Berechne das Rückgeld.

Max kauft einen Ball für 4 €.
Er bezahlt mit einem
10-€-Schein.

$\boxed{}\,€ - \boxed{}\,€ = \boxed{}\,€$

Max bekommt ____ € zurück.

Anne kauft ein Buch für 9 €.
Sie bezahlt mit einem
20-€-Schein.

$\boxed{}\,€ - \boxed{}\,€ = \boxed{}\,€$

Anne bekommt ____ € zurück.

★ zu in Bildern und als Text dargestellten Einkaufssituationen das Rückgeld
berechnen und als Minusaufgabe notieren

1 Suche dir ein anderes Kind. Spielt die Einkaufsgeschichten nach.

Ich kaufe die Wasserfarben und das Auto. Wie viel muss ich bezahlen?

Die Wasserfarben und das Auto kosten zusammen 11 Euro.

Ich habe 2 Sachen gekauft und 15 Euro bezahlt. Was habe ich gekauft?

Den Hund und den Ball oder die Wasserfarben und den Hampelmann oder ...

2 Suche dir ein anderes Kind.
Erzählt euch eigene Einkaufsgeschichten und löst sie.

D 74

★ zur Sachsituation „Spielwarengeschäft" Rechengeschichten nachspielen und selbst erfinden

1 Schreibe die Rechnung und die Antwort auf.

Patrick kauft eine Armbanduhr für 6€, eine Tüte Bonbons für 2€ und ein Spiel für 12€.
Wie viel muss er bezahlen?

Rechnung: _____

Antwort: Er muss _____ bezahlen.

Lena hat 20€. Sie kauft ein Lineal für 3€.
Wie viel Geld hat sie noch?

Rechnung: _____

Antwort: Sie hat noch _____ .

Tim kauft Stifte für 5€. Er gibt dem Verkäufer 20€.
Wie viel bekommt er zurück?

Rechnung: _____

Antwort: Er bekommt _____ zurück.

Meral möchte sich Inliner für 17€ kaufen. Sie hat 10€.
Wie viel muss sie noch sparen?

Rechnung: _____

Antwort: Sie muss noch _____ sparen.

★ zu Textaufgaben mit unterschiedlichen Fragestellungen Rechnungen und Antwortsätze ergänzen

1 Ordne Bilder und Zehnerzahlen zu.

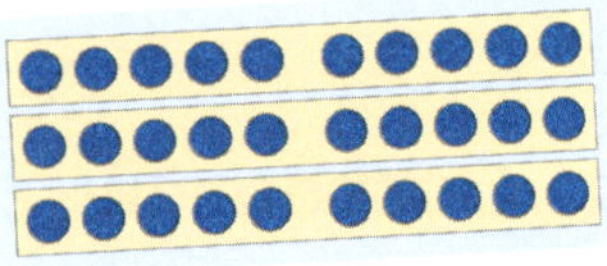

30 sind 3 **Zehner**.

| 30 | 3 Z |

| 90 | 9 Z |

| 20 | 2 Z |

| 40 | 4 Z |

| 80 | 8 Z |

| 60 | 6 Z |

| 50 | 5 Z |

| 100 | 10 Z |

| 70 | 7 Z |

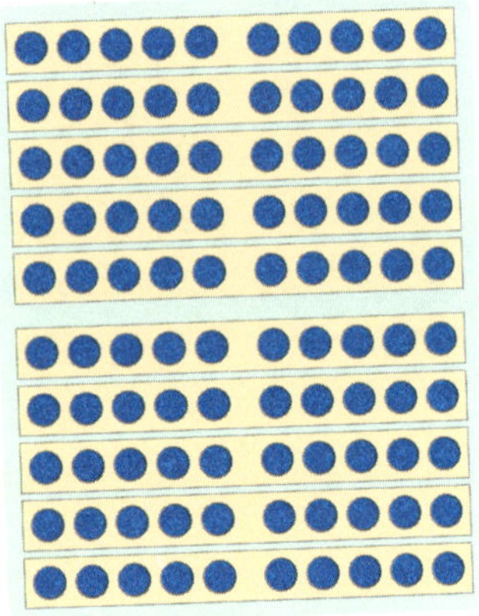

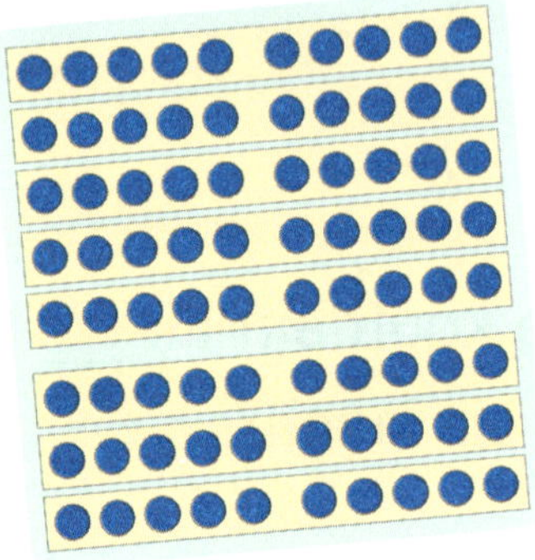

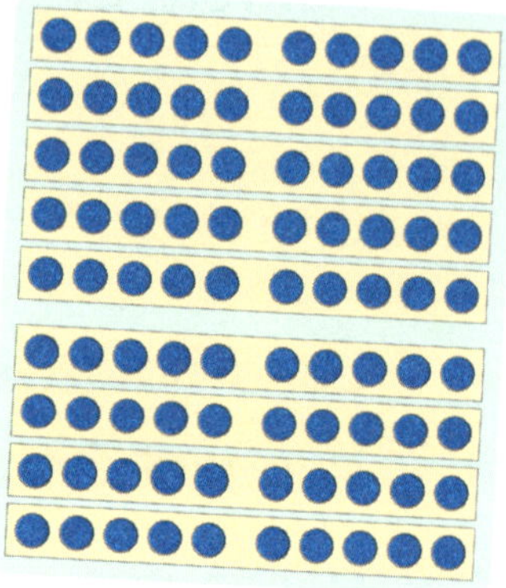

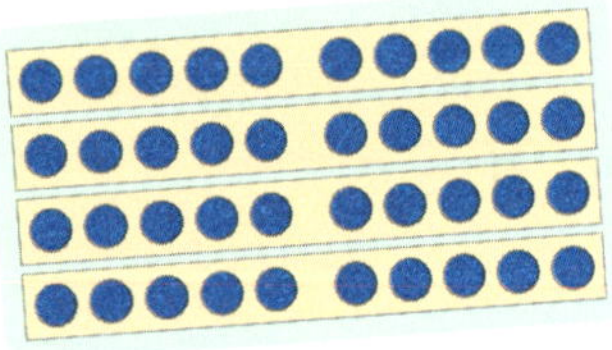

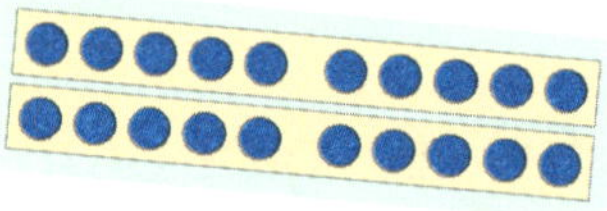

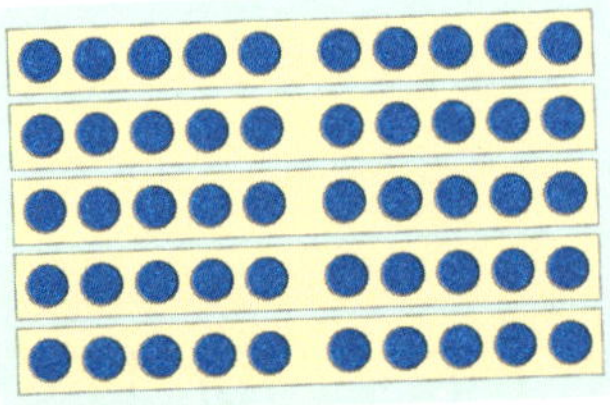

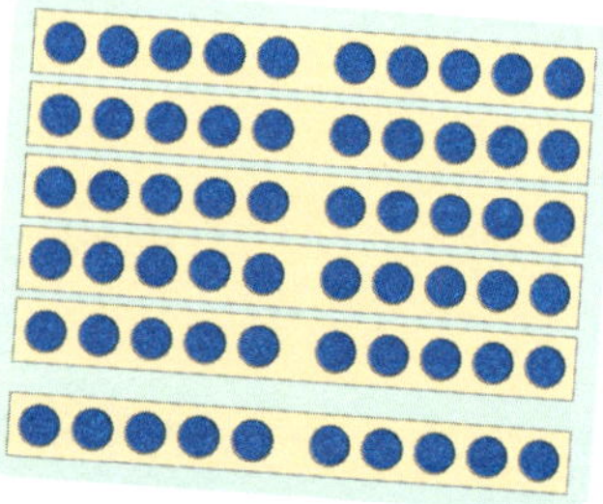

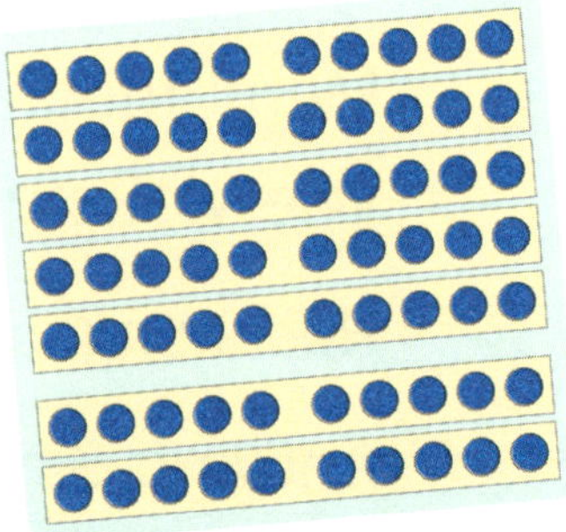

★ Zehnerzahlen kennenlernen
★ verschiedene Darstellungsformen verbinden

1

30

2 Schreibe die passende Zehnerzahl auf.

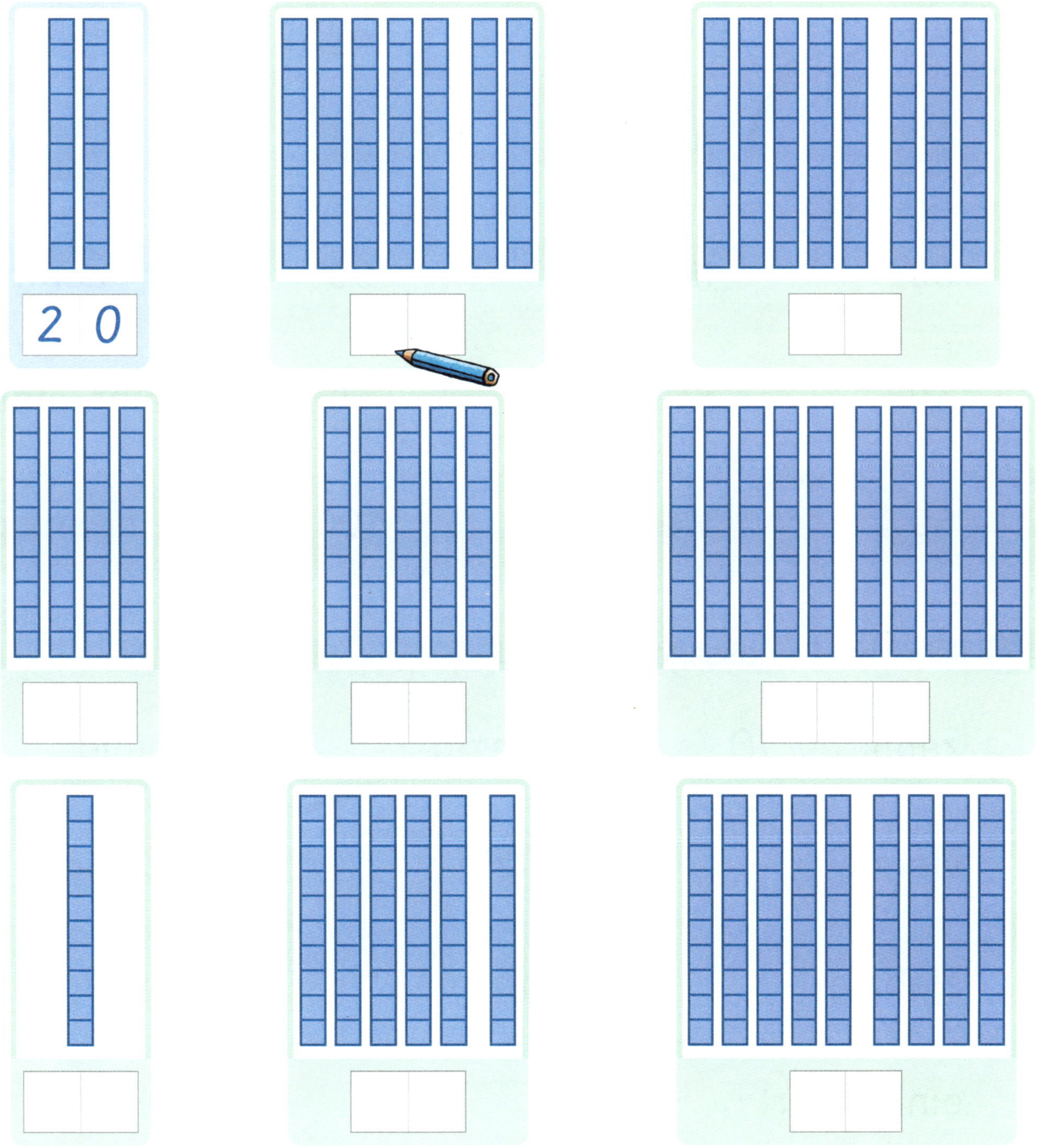

2	0

1

zwanzig

2   Verbinde.

30	siebzig	20	sechzig
70	dreißig	60	zwanzig
80	fünfzig	90	zehn
40	achtzig	10	einhundert
50	vierzig	100	neunzig

3   Schreibe die passende Zahl auf.

zehn	10	zwanzig		dreißig	
vierzig		fünfzig		sechzig	
siebzig		achtzig		neunzig	

einhundert

★ SF: Zahlwörter kennenlernen und üben

Themenheft 4

⭐ Rechnen bis 20 ⭐ Sachaufgaben ⭐ Geld

Erarbeitet von:	Roland Bauer und Jutta Maurach
Redaktion:	Sophie Arndt, Friederike Thomas
Illustration:	Yo Rühmer
Grafiken (Scheine und Münzen):	Christine Wächter
Umschlaggestaltung:	Cornelia Gründer, agentur corngreen, Leipzig
Layout und technische Umsetzung:	lernsatz.de
Bildquellen:	**Euro-Scheine:** Cornelsen/Christine Wächter/Deutsche Bundesbank. **Euro- und Cent-Münzen-Wertseite:** Cornelsen/Christine Wächter/Deutsche Bundesbank/Luc Luycx aus Belgien. **Nationale 1- und 2-Euro-Seite:** Cornelsen/Christine Wächter/Deutsche Bundesbank/Heinz Hoyer und Sneschana Russewa-Hoyer. **Nationale 10-, 20-, 50-Cent-Seite:** Cornelsen/Christine Wächter/Deutsche Bundesbank/Reinhart Heinsdorff. **Nationale 1-, 2-, 5-Cent-Seite:** Cornelsen/Christine Wächter/Deutsche Bundesbank/Prof. Rolf Lederbogen.

Begleitmaterialien für Lernende der ersten Klasse

Einstern 1 Paket Verbrauchsmaterial	978-3-06-084657-3
Einstern 1 *leicht gemacht* Paket Verbrauchsmaterial	978-3-06-084658-0
Übungssternchen	978-3-06-084656-6

 Deine **interaktiven Gratis-Übungen** findest du hier:

1. Gehe auf scook.de.
2. Gib den unten stehenden Zugangscode in die Box ein.
3. Hab viel Spaß mit deinen Gratis-Übungen.

Dein Zugangscode auf
www.scook.de | n88sh-5vfp8

www.cornelsen.de

1. Auflage, 3. Druck 2022

Alle Drucke dieser Auflage sind inhaltlich unverändert und können im Unterricht nebeneinander verwendet werden.

© 2021 Cornelsen Verlag GmbH, Berlin

Druck: Parzeller print & media GmbH & Co. KG, Fulda

ISBN 978-3-06-084648-1
ISBN 1100027539 (Themenhefte 1–4 *leicht gemacht* und Diagnose-Sternchen als E-Book)

PEFC zertifiziert
Dieses Produkt stammt aus nachhaltig bewirtschafteten Wäldern und kontrollierten Quellen.
www.pefc.de
PEFC/04-31-1308

Vorschläge für Plenumsphasen zum vertiefenden Erwerb prozessbezogener Kompetenzen

S. 6 — Kinder identifizieren innerhalb einer bereitgestellten Anzahl von Aufgaben diejenigen, für die die Nachbaraufgabe (Verdopplungsaufgabe) eine Rechenhilfe darstellt, und lösen diese

S. 11 — Kinder sammeln zu den unterschiedlichen Strategien weitere jeweils passende Plusaufgaben, begründen, vergleichen und bewerten die Zuordnung (→ BigBook: Seite 30)

S. 16 — Kinder identifizieren innerhalb einer bereitgestellten Anzahl von Aufgaben diejenigen, für die die Nachbaraufgabe (Halbierungsaufgabe) eine Rechenhilfe darstellt, und lösen diese

S. 21 — Kinder sammeln zu den unterschiedlichen Strategien weitere jeweils passende Minusaufgaben, begründen, vergleichen und bewerten die Zuordnung (→ BigBook: Seite 32)

S. 28 — Kinder stellen beim Rechnen mit drei Zahlen aufgabenbezogen Strategien vor und begründen jeweils deren Rechenvorteil

S. 33 — Kinder beschreiben und begründen Auswirkungen von Veränderung der Zahlen an unterschiedlichen Positionen in den Basissteinen auf den Zielstein

S. 36 — Kinder betrachten und beschreiben das Bild, sie identifizieren Fragen, die beantwortbar/nicht beantwortbar sind, und formulieren weitere beantwortbare/nicht beantwortbare Fragen

S. 38 — Kinder beschreiben abgebildete Handlungen/Vorgänge und übertragen diese in Plus- oder Minusaufgaben (→ BigBook: Seite 34)

S. 41 — Kinder stellen zu vorgegebenen Rechenaufgaben selbst verfasste Rechengeschichten vor und erläutern Zusammenhänge zur vorgegebenen Rechnung

S. 44 — Kinder ermitteln dargestellte Geldbeträge in Euro, in Cent sowie in Euro und Cent; sie erkennen, dass „Euro" und „Cent" getrennt erfasst werden (→ BigBook: Seite 36)

S. 46 — Kinder beschreiben die unterschiedliche zeichnerische Darstellung von Euro- und Cent-Münzen

S. 48 — Kinder stellen möglichst viele verschiedene Möglichkeiten vor, einen vorgegebenen Geldbetrag durch Legen mit Rechengeld darzustellen

S. 56 — Kinder spielen Einkaufsgeschichten, sie bezahlen mit einem Geldschein und bestimmen das Rückgeld; zum besseren Verständnis kann der bei der Bezahlung gegebene Geldschein parallel mit der entsprechenden Anzahl von 1-Euro-Münzen gelegt werden

S. 58 — Kinder tragen Rechengeschichten vor und andere Kinder finden dazugehörige Rechnungen und Antworten, dabei verwenden sie auch die Begriffe „Gesamtpreis", „Restgeld" und „Rückgeld" (→ BigBook: Seite 38)

Vorschläge für die Förderung von Medienkompetenz

S. 37 — Kinder fotografieren passend zu den Rechenoperationen + und – dargestellte Sachsituationen, anschließend erstellen sie mithilfe der Fotos ein Plakat zu + und ein Plakat zu –

S. 41 — Kinder gestalten Seiten mit Rechengeschichten und stellen daraus ein Buch zusammen

Synopse zu den Medienkompetenzbereichen

Suchen, Verarbeiten und Aufbewahren	S. 36
Produzieren und Präsentieren	S. 37, 41
Problemlösen und Handeln	S. 27, 33, 35